一本书读懂
区块链

张浩◎著

中国商业出版社

图书在版编目（CIP）数据

一本书读懂区块链 / 张浩 著. --北京：中国商业出版社,2018.9
ISBN 978-7-5208-0581-0

Ⅰ.①一… Ⅱ.①张… Ⅲ.①电子商务—支付方式—基本知识 Ⅳ.①F713.361.3

中国版本图书馆 CIP 数据核字(2018)第 213342 号

责任编辑：朱丽丽

中国商业出版社出版发行
(100053 北京广安门内报国寺 1 号)
010-63180647 www.c-cbook.com
新华书店经销
天津中印联印务有限公司印制

*

720 毫米×1000 毫米 1/16 开 14.5 印张 190 千字
2018 年 11 月第 1 版 2018 年 11 月第 1 次印刷
定价：48.00 元

****

（如有印装质量问题可更换）

前言

要说最近各个行业关注的热点，区块链技术必须算一个，最近一段时间"区块链"非常火热。火到什么程度？只要和区块链沾边的公司，股价就一飞冲天。数据显示，到现在为止，2016年全球最大的投资项目都与区块链有关，投资金额已经分别达到5500万美元和6000万美元。

区块链是一种将分布式数据存储、点对点传输、共识机制、加密算法等计算机技术综合运用的新型应用模式。比特币就是基于区块链技术发展起来的，而区块链上智能合约的支持，使比特币以外的数字资产的点对点转移变成现实，这也是区块链引人注目的重要原因。

那么，为什么区块链有如此魅力呢？如果说今天的互联网是信息通过TCP/IP协议进行点对点的传递，是信息互联网，那么价值进行点对点的转移就成了由区块链技术提供技术可能。通俗地讲，区块链是去中心化的分布式记账系统。系统中的节点无需互相信任，其交易通过密码学算法连接在一起，使整个账本公开透明、可追踪、不可篡改。

如今，中国的一些行业巨头早就开始布局区块链。比如：蚂蚁金服推出的区块链喷漆技术应用到交通行业中，让碰瓷成为历史；百度布局金融＋人工智能＋区块链，解决了信任问题；而腾讯则对区块链技术进行重点研究，虽然还没有有相关产品，但对区块链的深度挖掘，未来多半也会推出更好的产品。

国内 BAT 三巨头的入局，给区块链行业带来了信心，不管看中的是区块链技术带来的巨大利益，还是看中区块链技术对传统行业的改变，这场革命正在影响着我们。

区块链到底是啥？有人说，比特币将成为世界通用钱银；有人说，比特币就是一个大骗子……千人千面，但区块链潜力空间不可忽视，区块链是价值互联网的柱石。究竟怎么认识区块链？为了回答这些问题，笔者特意编写了这本书。

此书从区块链的基本定义入手，介绍了区块链的发展历史、分类、特征、挖矿原理、常见误区、主要应用等，要点突出，易于理解，是一本学习区块链的入门书。相信，一定能让读者有所收益。

目录

第一章 揭开区块链的面纱 1

    关键一：究竟什么是区块链 /3

    关键二：跟区块链有关的基本原理 /9

    关键三：区块链与大数据、云计算的关系 /14

    关键四：区块链的共识机制，其优缺点是什么 /19

    关键五：区块链小白该如何学习 /25

第二章 区块链的出现和发展 /29

    要点一：区块链的产生及发展情况 /31

    要点二：区块链发展的六个阶段 /37

    要点三：区块链的发展历程 /40

    要点四：区块链的百链竞发 /48

第三章 区块链的分类 /51

    种类一：公有区块链 /53

    种类二：联盟区块链 /58

种类三：私有链 /65

第四章　区块链的特征 /69

特征一：区块链的去中心化 /71

特征二：区块链的去信任 /76

特征三：区块链的开放性 /79

特征四：区块链的自治性 /82

特征五：区块链的信息不可篡改 /84

特征六：区块链的匿名性 /87

第五章　区块链挖矿原理早知道 /93

内容一：什么是"挖矿" /95

内容二：警惕挖矿的骗局 /99

内容三：比特币的挖矿机制 /101

内容四：EOS 的超级节点 /103

内容五：辨识伪"挖矿" /106

第六章　常见的区块链认识误区 /109

误区一：区块链只跟金钱有关 /111

误区二：区块链与比特币是一回事 /114

误区三：区块链能够彻底消除欺诈 /117

误区四：区块链具有成本效益，价格低廉 /121

误区五：只有大企业能够使用区块链技术 /124

误区六：智能合约等于法律合约 /128

误区七：越炒作，区块链发展越火爆 /132

第七章　区块链的多方应用 /135

应用一：最可行的应用——公证类 /137

应用二：竞争最激烈的应用——证券市场 /142

应用三：最具颠覆意义的应用——支付系统 /146

应用四：区块链技术在安全行业的应用 /149

应用五：区块链的为打车市场再添新力 /154

应用六：区块链与泛金融也能擦出火花 /156

应用七：区块链技术还能保护森林资源 /161

应用八：区块链的其他应用场景 /164

第八章　提高认识要点，积极进军区块链 /171

认识一：进军区块链的要点 /173

认识二：进军区块链需要了解军规 /176

第九章　投资区块链不要轻易入"坑" /181

第一坑：ICO /183

第二坑：梭哈 /185

第三坑：大佬 /186

第四坑：糖果 /188

第五坑：情绪投资 /189

第十章 区块链的前景展望 /191

展望一：区块链是中国经济创新的新高地 /193

展望二：区块链的赚钱经济前景 /197

展望三：国内互联网巨头的区块链布局 /202

展望四：区块链的规模化产业应用 /211

后 记 /217

第一章 揭开区块链的面纱

关键一：究竟什么是区块链

在纳斯达克成立之前，为了在最短的时间里完成清算，人们经常会用自行车驮着装满债券的包，在华尔街骑来骑去。可是后来，随着业务的逐渐增多，自行车似乎已经满足不了这种需要。为了让清算速度跟上交易量，20世纪60年代，华尔街每周只能交易4天，每天4个小时。时间长了，大家发现，这样不行，自行车根本就跑不过计算机。

1971年，（美国存管信托公司DTC）清算系统被提上日程。该系统的办法就是：所有的交易都在系统内进行，连经纪人也被接入这个系统。可是，这虽然提高了交易效率，但并没有改变交易的中心化结构。当交易足够多、经纪人足够多时，该系统也面临着瘫痪甚至崩盘的危险。为了解决这个问题，专家们又想出了一种自治式、分布式的系统，于是区块链出现了，之后受到世界各地的重视，被广泛应用于金融等领域。

区块链技术，简称BT（Block chain technology），是一种互联网数据库技术，其特点是去中心化、公开透明，每个人都能参与数据库记录。如果把数据库假设成一本账本，读写数据库就是一种记账行为，区块链的

基本原理是：在一段时间内找出记账最快最好的人来记账，然后将账本的该页信息发给系统里的其他人，相当于改变数据库所有的记录，发给全网的每个节点。

一、用区块链建立起来的信任

作为高冷的区块链，也许人们都不知道；作为数字货币的比特币，也许只有技术极客和资本炒家才会关心。可是，说到滴滴打车，恐怕是无人不知无人不晓，说到租房人们更会耳熟能详，说到银行服务多数人甚至还会吐槽……在这个高度中心化的社会，为了证明信用，我们付出了太多的代价，结果是互不相信对方。我们建立了银行，将金钱放在一起集中管理；建设了支付宝，做为网上交易的中介；设立了P2P平台，筹集所需的资金……之所以要做这些事，都是因为我们不相信陌生人，只有通过中介才能建立起脆弱的信任。

区块链技术是什么？什么能够真正建立起人与人之间的信任？基于对滴滴打车平台的信任，可以将车上的空位出租出去，让陌生人乘坐你的车，这就是发展共享经济的第一步。但是，我们却不能像美国人一样用爱彼迎（Airbnb）将多余的房间出租出去。能够将自己的床位、车库、厨房、乐器、电脑等私人闲置物品出租出去吗？恐怕更是难上加难。为什么？因为我们不信任他人，不知道这样做的后果。但是，区块链却可以做到。

设想这样一个场景：个人的所作所为一旦被大数据记录，被存储在

区块链的多个节点上,无法篡改,不能修饰,任何人都能够用区块链来描绘你的数字画像,都能通过区块链的评分来确定你是否可信。一旦确立了这样的体系,中介也就失去了存在价值,我们便能轻易地信任他人。

修改一个基于区块链的信用记录,修改世界上每个人的手机、电脑甚至智能设备,是不可想象的。例如,微信每天能产生多少数据?每天产生的社交、交易数据本应完全属于产生者个人,按互联网共享、平等、透明的精神,这种大数据产生的是一种"全球性的信用资源",基于这些数据的信用体系,每个人都会变成一个被信用描述的人。一旦违反了信用,认识的人都会看到,这个人也就无法在社会上立足了。

二、到底什么是区块链

工信部指导发布的《中国区块链技术和应用发展白皮书 2016》是这样解释的:广义来讲,区块链技术是利用块链式数据结构来验证与存储数据、利用分布式节点共识算法来生成和更新数据、利用密码学的方式保证数据传输和访问的安全、利用由自动化脚本代码组成的智能合约来编程和操作数据的一种全新的分布式基础架构与计算范式。简单地说,区块链就是一种去中心化的分布式账本数据库。

从本质上来说,区块链技术是一种数据库技术,是一种账本技术,账本记录着一个或多个账户的资产变动、交易情况,也就是一种结构最为简单的数据库。我们平常在笔记本上记录的流水账、银行发过来的对账单，都是典型的账本。

安全是区块链技术的一大特点，主要体现在两方面：一是分布式的存储架构，节点越多，数据存储的安全性越高；二是其防篡改和去中心化的巧妙设计，任何人都很难按规则修改数据。

以网购交易为例，传统模式是：买家购买商品，将钱打到第三方支付平台，等卖方发货、买方确认收货后，再由买方通知支付机构将钱打到卖方账户。由区块链技术支撑的交易模式则不同：买家和卖家能够直接交易，不用借助任何中介平台。买卖双方交易成功后，系统会通过广播的形式将交易信息发布出去，所有收到信息的主机会在确认信息无误后将这笔交易记录下来，所有的主机都会为这次交易做好数据备份。即使今后某台机器出现问题，也不会影响数据记录。

提到区块链，很多人就把它与比特币联系在一起，有些人甚至还认为区块链就是比特币。其实，比特币是区块链的一种呈现方式，区块链并不等同于比特币。区块链是比特币的底层技术和基础架构，而比特币则是区块链的成功应用，并不是说区块链只能应用到比特币上。

三、区块链的作用

区块链能解决金融、公益、监管、打假等众多领域的痛点难点，但要满足很多适用条件。

1. 金融领域的作用

金融服务是区块链技术的第一个应用领域，区块链技术能很好地解决支付、资产管理、证券等多个痛点。比如，在支付领域，金融机构特别是跨境金融机构的对账、清算、结算等成本都很高，需要经过众多流程，不仅会在用户端和金融机构后台业务端产生高昂的费用，也会让小额支付业务无法开展。运用区块链技术，则能够降低金融机构间的对账成本及争议解决的成本，显著提高支付业务的处理效率。同时，区块链还能让支付领域独具成本和效率优势，使金融机构更好地处理小额跨境支付，实现普惠金融。比如，为解决金融机构间对账成本高的问题，2016年8月微众银行跟上海华瑞银行合作，一起推出了微粒贷机构间对账平台。之后，洛阳银行、长沙银行也相继接入机构间对账平台，通过区块链技术，优化了微粒贷业务的机构对账流程，提高了运营效率，降低了运营成本。

2. 公益领域的作用

在公益领域，区块链技术也被广泛运用。比如，蚂蚁金服涉足区块链的首个应用场景是公益，帮助听障儿童获得了一笔善款，运用区块链技术促进公益更加开放透明。区块链公益平台就像在互联网上构建了一个专门用于邮寄资金的邮局，用户捐的每一笔钱，都被打包成一个包裹，通过区块链平台传递，每经过一个节点，都会盖上一个邮戳，最后送到受捐人手上。如此，就能保证用户捐的每一笔钱都是透明的、可追溯的、无法篡改的。

3. 打假方面的作用

在商品打假方面，区块链技术更能大显身手。蚂蚁金服将区块链技术用在正品溯源上，目前来自澳大利亚、新西兰海淘的某些商品，比如奶粉，只要用支付宝扫一扫，就能知道是不是正品。不同于过去商家自录入的商品信息，区块链能让多位"记账师"公正、独立、不可抵赖地完成记账。

4. 监督方面的作用

对于金融监管，区块链技术也发挥着重要作用。2017年金融区块链合作联盟（深圳）发布的《金融区块链底层平台 FIS CoB CoS 白皮书》认为，区块链为金融监管机构提供了一致且易于审计的数据，通过对机构间区块链的数据分析，能够更快、更精确地监管金融业务。例如，在反洗钱场景中，各账号的余额和交易记录都是可追踪的，任意一笔交易的任何一个环节都会受到监管，极大地提高了反洗钱力度。

由此可见，区块链确实能解决很多领域的痛点和难点，但区块链也不是万能的，也有很多适用条件。比如，区块链技术去中心化的特点适合多方参与的场景，只是单边或双边，参与价值就不大。同时，需要每个节点都进行核对，区块链技术也不能被运用于高频交易的活动；区块链强调的是公开透明，不适合对数据隐私要求高的场景。

关键二：跟区块链有关的基本原理

区块链，英语表示为"block chain"，这里"block"是"块"，可以理解成把交易信息打包成的数据块；"chain"是"链条"，可以理解为按照顺序把"块"连接起来。使用者都能查到按序列打包成的数据块，其实就是个大账本，该账本上记录着所有的交易数据。

那么，区块链是如何开始工作的？假设世界上只有一个大账本，这个账本管理着我们的钱，很多人一起维护。我给你发送10元钱，然后将这件事通过网络告诉所有维护账本的人，你收到我发出的10元钱后，也通过网络对所有维护账本的人喊一声。于是，第一个听到两个声音的维护者就会立刻记录好这笔账，然后对其他维护者说：我已经完成记账，大家根据我记的账把这个数据补全即可。

区块链技术的目标，就是拥有一个历史数据不可篡改的数据库。在真实世界里，每种商业模式都需要记账，每月一次，每年12本，12个子账簿就能构成一个总账。只不过在比特币世界，每10分钟就会发布一个子账本，每个子账本里有过去10分钟产生的所有交易记录，不能更改，然

后再把它们串起来。

讲到区块链的原理，主要涉及下面一些：

1. 去中心化

去中心化是互联网发展过程中形成的社会关系形态和内容产生形态，是一种相对于"中心化"而言的新型网络内容生产过程。

去中心化的性质源于使用分布式账本的区块链技术。区块链技术的目标就是，拥有一个历史数据不可篡改的数据库。具体的实现手段是什么？比如，第一代的区块链技术就是，去中心化、奖励机制、共识机制等方法融合在一起。可见，去中心化只是实现目标的重要手段，且还只是实现目标的手段之一。

这里的去中心化并不是消灭所有的中心，现实是这样的：由原本少量的大中心慢慢演化成大量的小中心。比如，到目前为止，区块链世界里已经有几千个交易所了。如果想在某宝上买东西，需要先将钱打给第三方支付宝，确认收货后，支付宝再把钱打给卖方。而去中心化则不用借助第三方，通过区块链技术解决了信用问题，是个人对个人的交易，所有的交易记录，每个人都能查询，而且不可更改。

2. 对等式网络

对等式网络（Peer to Peer，简称P2P），又称点对点技术，是无中心服务器、依靠用户群交换信息的互联网体系，可以降低网络传输中的节点，减少数据丢失风险。不同于有中心服务器的中央网络系统，对等网络的每个用户端既是一个节点，还是一个服务器，任何一个节点都无法直接找到其他节点，必须依靠其户群来交流信息。

网络上每台计算机都能互相访问，计算机之间也没有主次之分，各自都有绝对的自主权。这种网络的优点是：便于安装维护，每台机器都可以是服务器也可以是客户机，成本便宜很多；拥有较好的并发处理能力；运用内存来管理交换数据，能够大大提高性能；不用投资大量金钱在服务器的软、硬件设备，节省投入；适用于小规模网络，维护起来比较容易。

缺点则在于，架设比较复杂，不仅要有开发服务器端，还要有专用的客户端；用在大规模网络，资源分享紊乱，管理起来比较难，安全系数不高。

3. 哈希函数、哈希值

密码学是区块链的基础，而密码学中的哈希函数又被广泛运用到区块链中。比如，比特币，其钱包地址就是哈希数值，挖矿是哈希计算。理解了哈希函数，就能理解密码学基础可以给比特币投资者以信心。

所谓哈希函数是指，能将任意长度的数据映射为固定长度的数据函数，主要应用于信息安全领域中的加密算法。简单来说，哈希算法就是一种只能加密、不能解密的密码学算法，能够将任意长度的信息转换成一段固定长度的字符串。

在区块链中的应用，通过哈希算法，能够对一个交易区块中的交易信息进行加密，并把信息压缩成由一串数字和字母组成的散列字符串。区块链的哈希值能唯一、精准地标识出一个区块。

运用哈希算法，比特币挖矿无法逆向推导出结果，矿工持续不断地进行运算，其实就是在暴力破解正确的输入值（哈希值），谁最先找到，谁

就能获得比特币奖励。

4. 权益证明

权益证明（POS）是以共识算法的方式，使用伪随机数的方式，指定持有货币的人为交易的验证者，创造新的区块，接续在最长的链后面。权益证明与个人拥有的数字货币的数量和时间有关，拥有的货币越多，持有的时间越长，话语权就越大。

在POS模式下，有一个名词叫币龄，每个币每天会产生1币龄，如果手里有100个币，共持有30天，那么币龄就是3000，一旦发现了一个POS区块，币龄就会被清空为0。每被清空365币龄，就能从区块中获得相应的利息。

权益证明发起51%攻击的可能性小。因为要进想行51%攻击，得拥有51%的货币。也就是说，东西越值钱，成本越高。简单来说，已经有51%的钱，还发什么攻击？比特币的工作量证明机制，需要对算力进行转化，而权益证明却不用转化。

5. 默克尔树

默克尔树，又叫哈希树，是存储散列（hash，音译为哈希）值的一棵树。它是一种二叉树，由一个根节点、一组中间节点和一组叶节点组成。最下面的叶节点包含存储数据或其哈希值，每个中间节点都是它的子节点内容的哈希值，根节点也由两个子节点内容的哈希值组成。

默克尔树是存储散列值的一棵树，底层数据的任何变动都会传递到父亲节点，一直到树根，数据间有着很强的关联性。

默克尔树算法的最大好处是,每个交易都能单独直接删除,只保留该交易的散列值即可。如此,对整个区块来说,并没有改变它的密码学安全性和完整性,但可以大大减少数据量。如果区块中只有一个交易没有后续交易,删除其他交易,整个区块的数据量就会大大减小。因此,在记账模式中,使用默克尔树结构,就不用担心数据量一直增长引发的数据过大的问题了。

6. 椭圆曲线加密

椭圆曲线加密法是一种基于离散对数问题的非对称(或公钥)加密法,可以用对椭圆曲线上的点进行加法或乘法运算来表达。在比特币系统中,用公钥加密创建一个密钥,就能控制比特币的获取。

密钥,包括一个私钥和由其衍生出的唯一公钥,整个流程可以概括为:获得私钥,使用椭圆曲线乘法的单向加密函数产生一个公钥;然后,用单向加密哈希函数生成比特币地址,用公钥来接收比特币,用私钥来进行比特币支付时的交易签名。

在区块链中,基于私钥生成公钥的单向加密函数,可以保证比特币支付和交易的安全性。

关键三：区块链与大数据、云计算的关系

一、区块链和大数据的关系

在这个急剧变化的年代，当很多人还没有搞明白 PC 互联网的时候，移动互联网就来了；当很多人还不知道什么是移动互联网的时候，大数据就来了。今天，很多人还没弄懂大数据，区块链就出现在了人们的视野中。区块链与大数据究竟有着怎样的关系？

1. 数据安全

区块链具有可信任性、安全性和不可篡改性，让更多的数据被解放出来。区块链是如何推进基因测序大数据产生的？区块链测序可以利用私钥限制访问权限，规避法律对个人获取基因数据的限制；同时利用分布式计算资源，低成本完成测序服务。区块链的安全性让测序成为工业化的解决方案，实现了全球规模的测序，有效推进了数据的海量增长。

2. 数据开放共享

政府掌握着大量高密度、高价值数据，比如医疗数据、人口数据等。政府数据开放是大势所趋，对整个经济社会的发展起着重要的推动力。然而，数据开放的难点和挑战是：如何在保护个人隐私的情况下开放数据？基于区块链的数据脱敏技术保证了数据私密性，为隐私保护下的数据开放提供了解决方案。数据脱敏技术采用了哈希处理等加密算法，例如，借助区块链技术的英格码系统，在不访问原始数据情况下运算数据，可以对数据的私密性进行保护，杜绝数据共享中的信息安全问题。例如，员工可放心地开放可访问其工资信息的路径，并共同计算出群内平均工资，每个参与者都能知道自己在该组中的相对地位，但对其他成员的薪酬却毫不知情。

3. 数据存储

区块链技术，通过网络中的所有节点一起来参与计算，互相验证信息的真伪，达成全网共识，从这个意义上来说，区块链技术就是一种特定的数据库技术。迄今为止，大数据还处于基础阶段，以全网共识为基础的区块链数据，不能篡改，能够让数据的质量获得前所未有的强信任背书，让数据库的发展进入一个新时代。

4. 数据分析

数据分析是实现数据价值的核心，首先要解决的问题是有效保护个人隐私和防止核心数据泄露。例如，随着指纹数据分析应用、基因数据检测与分析手段的普及，很多人都担心：一旦个人健康数据发生泄露，就会导致严重的后果，而区块链技术却能够通过多签名私钥、加密技术、安全多方计算等技术来防止这类情况的出现。数据被哈希后放置在区块链上，使用数字签名技术，就能让获得授权的人对数据进行访问。数据统一存储在去中心化的区块链上，既能对数据的私密性进行保护，又可以提供给全球科研机构、医生共享，为解决突发疾病、疑难疾病等提供便利。

5.数据流通

对于个人或机构有价值的数据资产，可以利用区块链进行注册，交易记录是全网认可的、透明的、可追溯的，明确大数据资产来源、所有权、使用权和流通路径，对数据资产交易具有很大价值。一方面，区块链能够破除中介拷贝数据的威胁，有利于建立可信任的数据资产交易环境；一方面，区块链提供了可追溯路径，能够有效破解数据确权难题。有了区块链的保障，大数据自然也就更活跃了。

二、区块链和云计算的关系

云计算是一种成熟的技术和应用。云计算是一种按使用量付费的模式，这种模式能够提供可用的、便捷的、按需的网络访问，只要进入可配置的计算资源共享池，这些资源就能被快速提供，只要进行必要的管理或与服务供应商进行少量的互动即可。

区块链是分布式账本和智能合约,仅从定义上看,云计算是按需分配,区块链则构建了一个信任体系,两者好像并没有直接关系。但是区块链本身就是一种资源,有按需供给的需求,是云计算的重要组成部分。

云计算和区块链是可以相互融合的,这种融合是如何实现的?

从宏观上来说:一方面,利用云计算已有的基础服务设施或根据实际需求做相应改变,实现开发应用流程加速,满足未来区块链生态系统中初创企业、学术机构、开源机构、联盟和金融等机构对区块链应用的需求;一方面,"可信、可靠、可控制"是云计算发展必须要翻越的门槛,而区块链技术的特征是去中心化、匿名性和数据不可篡改,与云计算的长期发展目标不谋而合。

从存储方面来看:云计算内的存储和区块链内的存储都由普通存储介质组成;不同的是,云计算内的存储是一种资源,是独立存在的,一般采用共享的方式,由应用来选择;而区块链里的存储是链里各节点的存储空间,区块链里存储的价值不在于存储本身,而在于相互链接的块,是一种特殊的存储服务。

从安全性方面来说,云计算的安全主要是确保应用能够安全、稳定、可靠地运行。这种安全属于传统安全领域范畴。而区块链内的安全是确保每个数据块不被篡改、数据块的记录内容不被没有私钥的用户读取。因此,只要将云计算和基于区块链的安全存储产品结合在一起,就能设计出加密存储设备。

区块链与云计算紧密结合,在 IaaS、PaaS、SaaS 的基础上创造出了(区块链即服务 BaaS),形成了将区块链技术框架嵌入云计算平台的结合发展趋势。其中,以联盟链为代表的区块链企业平台,要利用云设施完善区块链生态环境;以公共链为代表的区块链,需要为去中心化应用提供稳定可靠的云计算平台。

关键四：区块链的共识机制，其优缺点是什么

如果说共识是区块链的基础，那共识机制就是区块链的灵魂。所以共识机制就是，在一个时间段内对事物的前后顺序达成共识的一种算法。

共识机制犹如国家的法律，维系着区块链世界的正常运转。在区块链上，每个人都会拥有一个记录链上的交易账本，链上每产生一笔新的交易，每个人接收到的信息时间是不一样的，想干坏事的人就可能在发布一些错误信息，就需要将所有人接收到的信息进行验证，最后将最正确的信息公布出来。

加密货币都是去中心化的，去中心化的基础就是 P2P 节点多。那么，如何才能吸引用户加入网络成为节点？有哪些激励机制？答案就是共识机制。

一、工作量证明机制（POW）

1. 基本原理

工作量证明机制是第一代共识机制，是比特币的基础。简而言之就是

按劳取酬，付出多少工作量，就会获得多少报酬。在网络世界里，所谓的劳动就是你为网络提供的计算服务，提供这种服务的过程就是"挖矿"。在均匀分布的前提下，"挖矿"所得的比重与各自提供的算力成正比，能力越强，获得越多。

2. 优点

（1）机制本身非常复杂，但有很多细节，比如：挖矿难度自动调整、区块奖励逐步减半等，这些因素都是基于经济学原理，能吸引和鼓励更多的人参与其中。

（2）这种机制可以吸引很多用户参与其中，会促使加密货币的初始阶段发展迅速，节点网络迅速扩大。在 CPU 挖矿的时代，比特币吸引很多人参与"挖矿"，就是很好的证明。

（3）通过"挖矿"的方式发行新币，把比特币分散给个人，相对公平。

3. 缺点

算力是计算机硬件提供的，需要耗费很多电力，是对能源的直接消耗，违背了人类追求节能、清洁、环保的理念。发展到今天，算力的提供方已经不再是单纯的计算机了，用户也从个人挖矿发展到大矿池、大矿场，算力集中越来越明显。这一点与去中心化的方向背道而驰，渐行渐远，网络的安全逐渐受到威胁。比特币区块奖励每 4 年会减半，一旦挖矿的成本高于挖矿收益、人们挖矿的积极性降低，就会减少大量算力，比特币网络的安全性也会出现问题。

二、股权证明机制（OPOS）

1. 基本原理

股权证金是点点币的创新。没有挖矿过程，在创世区块内写明了股权分配比例，之后通过转让、交易等方式，逐渐分散到用户手里，并通过"利息"的方式新增货币，实现对节点的奖励。以太坊是 POW 跟 POS 结合，简单来说就是，根据用户持有货币的多少和时间发放利息的制度。现实中最典型的例子就是股票、银行存款，用户想获得更多的货币，只要打开客户端，保持在线，就能通过获得"利息"获益，同时保证网络安全性也很高。

2. 优点

（1）节能。不用挖矿，不用大量耗费电力和能源。

（2）更去中心化。POS 机制的加密货币对计算机硬件基本上没有过高要求，每个人都能挖矿，不用担心算力集中导致中心化的出现，网络更加安全。

（3）避免紧缩。POW 机制的加密货币，因为用户丢失等原因，可能导致通货紧缩。但是，POS 机制的加密货币按一定的年利率新增货币，可以有效避免紧缩出现，保持基本稳定。

3. 缺点

纯 POS 机制的加密货币，只能通过 IPO 的方式发行，导致"少数人"（通常是开发者）获得大量成本极低的加密货币，为了个人利益，他们很可能会大量抛售。POS 机制的加密货币，信用基础不够牢固。为了解决这个问题，可以采用POW+POS的双重机制,通过POW挖矿发行加密货币,使用POS维护网络稳定;可以采用DPOS机制,通过社区选举的方式,增强信任。

三、授权股权证明机制（DPOS）

1. 基本原理

无人控制的公司发行股份,产生利润,并将利润分配给股东。所有这一切的实现,不需要信任何人,因为每件事都已经被硬编码到软件中。通俗来说就是,公司为股份制,股东持有公司股份,公司给股东回报,股东不用挖矿。

2. 优点

（1）能耗更低。DPOS机制将节点数量进一步减少到101个,在保证网络安全的前提下,整个网络的能耗进一步降低,网络运行成本最低。

（2）更加去中心化。目前,对于比特币来说,个人挖矿已经不现实了,比特币的算力都集中在几个大的矿池手里,每个矿池都是中心化的,因此DPOS机制的加密货币更加去中心化。

（3）更快的确认速度。每个块的时间为10秒,一笔交易（得到6～10个确认后）大概1分钟,完整的101个块的周期大概需要16分钟。而比特币产生一个区块需要10分钟,一笔交易完成需要1小时,速度更快。

3. 缺点

（1）投票的积极性不高。大多数持股人从来都没有参与过投票。因为投票需要时间、精力和技能,而这正好是多数投资者所缺乏的。

（2）无法进行坏节点的处理。社区选举不能及时有效地阻止破坏节点的出现，给网络造成很多安全隐患。

四、实用拜占庭容错算法（PBFT）

1. 基本原理

拜占庭共识算法是一种常见的共识证明。不同于前面几种，PBFT 以计算为基础，没有代币奖励。链上所有人参与投票，主要反对者少于（N-1)/3 个节点，就能获得公示信息的权利。

2. 优点

算法可靠，有严格的数学证明，具备（n-1)/3 容错性。

3. 缺点

一旦 1/3 或以上记账人停止工作后，系统就无法提供服务。

五、重要度证明 (POI)

1. 基本原理

共识算法引出了账户重要程度的概念，使用账户重要性评分来分配记账权的概率。

2. 优点

低能耗，速度快，公平。

3. 缺点

缺少社区共识，账户重要性不等于设备贡献度。

六、POI 和 DPOS 结合（POP）

1. 基本原理

这是标准链的创新，基于账户参与度的算法，将 POI 和 DPOS 的思想结合在一起，既能确保设备的公平性，又能拥有社区共识。

2. 优点

低功耗、速度更快，更加安全，既能确保公平性，又拥有社区共识。

关键五：区块链小白该如何学习

在正式开始学习区块链之前，要先问问自己，打算开发什么类型的项目或应用？是想发行代币？还是开发一个平台，如以太坊、EOS、超级账本等？亦或是想开发某个垂直领域的应用？如养鸡、养狗小游戏。如果是代币，又会分为三种不同类型：基础货币、平台代币、应用代币，每种类型要求掌握的开发技术层次也不尽相同。

学习目标不同，侧重点就不能完全一样，但总体来说，还是能找到适合大部分区块链开发者的学习线路。

1. 明确具体的方向

进行区块链开发也有很多方向，如：区块链应用开发人员、区块链架构师、底层核心开发、共识算法研究等。方向不同，学习的内容也就不同。比如：做基于区块链应用开发，只需要了解一门编程语言，如nodejs、Go、Python、C++等即可，大概了解区块链的原理，不用深入学习；做区块链基础开发，需要了解加密算法、P2P通信、共识算法等。

2. 加强理论学习

知其然，才能知其所以然。通过理论学习，就能掌握区块链的原理、发展轨迹，了解它的过去、现在和未来，还能对区块链技术的优势和劣势做出清晰判断，以及区块链能解决什么问题、能给社会创造什么价值、能给企业和个人带来哪些发展机会等。

3. 探寻价值和魅力

结合自己感兴趣或深入了解的领域，看看与区块链相关的热门和明星项目，了解这些项目能给该行业带来哪些变革。只要深入了解该领域，就更容易体会和判断区块链的价值和魅力。

4. 学习比特币

之所以要学习比特币框架，是因为比特币是目前区块链应用中最经典、市场考验最长的应用之一，很多山寨币的发行都是基于比特币源码的改动。另外，跟以太坊、超级账本比起来，比特币学习门槛相对较低。目前最好的学习方式是阅读源码，但新手可以先从阅读官方文档开始。如果只是为了发行基础代币，学到这一步，就算入门了。

5. 学习以太坊

以太坊是区块链的操作系统，不仅有相对成熟的开发工具、有图灵完备的开发语言 Solidity 等，还有完善的通讯开发框架 Truffle，大大降低了开发者开发区块链应用的难度。以太坊不仅功能强大，而且吞吐量也大幅上升。比特币每秒能够交易 7 笔左右的订单，而以太坊可以完成几千笔，但随着以太坊底层代码的不断迭代升级，吞吐量还在不断稳步提升。从这个意义上来说，以太坊是区块链应用开发者的必修课。

学习以太坊最核心的是开发智能合约,目前官方推荐的开发语言是Solidity,官方有帮助文档,也有很多技术达人翻译了的中文版。

6. 学习超级账本

超级账本是由IBM贡献的超级账本框架,是一个利用现有成熟的技术来组合而成的区块链技术的实现,是一种允许可插拔实现各种功能的的模块化架构,具有强大的容器技术,承载着各种主流语言来编写智能合约,为企业开发区块链系统提供了众多强大功能,包括身份管理、隐私保密、高效处理、智能合约、模块设计等,值得深入研究和学习。

7. 选修EOS

EOS是"Enterprise Operation System"的简称,是为商用分布式应用设计的区块链操作系统,支持多个应用程序同时运用,还能同时支持多种编程语言,为DAPP的开发者提供底层模块,降低开发门槛。另外,EOS通过并行链和DPOS的方式解决了延迟和数据吞吐量的难题,EOS能够实现每秒百万级的处理量,能力远超比特币和以太坊。

当然,无论是比特币、以太坊、超级账本,还是EOS,它们都在不断地更新迭代和完善,单纯比较谁优谁劣没有意义,只有不断学习并掌握区块链开发技术,才是最终的归途。

第二章 区块链的出现和发展

要点一：区块链的产生及发展情况

一、区块链的产生

1. 非对称加密

今天，区块链能发展到火热的程度，大多还要归功于非对称加密技术的发明。1976年美国学者迪梅（Dime）和亨曼（Henman）为了解决信息公开传送和密钥管理问题，便提出一种新的密钥交换协议，允许在不安全的媒体上的通讯双方交换信息，保证信息的安全性，这就是非对称加密技术。

加密，其实最早是从密码锁开始的。众所周知，一把锁只能对应一把钥匙，只要有锁，就能想办法做一个打开它的钥匙，这也就是一般意义上的对称加密。而非对称加密简单理解就是，给你一把锁，能够打造多把钥匙，但只有手里唯一的一把钥匙可以打开，这就是非对称加密。这里的锁头就是非对称加密中通过公钥加密产生的密文，而钥匙就是非对称加密中的私钥。

2. 乔姆盲签名（数字签名）

既然非对称加密可以保证秘密不被解密，为何还要使用到数字签名？读了下面这个故事，就会明白非对称加密中数字签名不可或缺。

在中本大学的课堂，中本明和中本丽通过非对称加密技术在课堂上传小纸条相互示爱，但传纸条的过程中要经过中本聪之手。中本聪很喜欢中本丽，虽然不知道他们说什么，但却能够破坏他们的感情，让自己有机可乘。

问：中本聪不知道纸条上写的什么，怎么破坏他们的感情？中本聪虽然不知道纸条上写的是什么，但中本丽的公钥是公开的。当中本明将小纸条传给中本聪的时候，中本聪就果断地把小纸条毁掉，然后用中本明的公钥重新写了一张纸条传给中本丽，如此就能达成离间的目的了。

为什么能造成这种结果？因为中本丽的公钥是公开的，谁都可以给她发消息，但中本丽本人却不知道是谁发的。如何让中本丽既能收到消息又能知道是谁发的消息？答案就是，合理使用数字签名。下面就让我们一起来揭开数字签名的面纱。

中本明将密文用自己的私钥加密，然后分成两份，把两份密文都发给中本丽。前一个密文，中本丽通过自己的私钥，就能看到上面的内容；后一个密文，中本丽通过中本明的公钥解密第二个加密串，如果解密后的结果和第一个密文一模一样，就可以确定是中本明发的消息了，这就是数字签名。

3. 拜占庭将军问题的解决

拜占庭将军的故事大概内容如下：

拜占庭帝国即中世纪的土耳其，拥有巨大的财富，周边10个邻邦垂涎已久，想要侵占为己有。可是，拜占庭高墙耸立，固若金汤，任何单独的邻邦都无法成功入侵。任何单个邻邦入侵，不仅会失败，还可能被其他9个邻邦入侵。

拜占庭帝国的防御能力非常强，至少需要一半邻邦同时进攻，才可能攻破。然而，如果其中一个或几个邻邦虽然决定一起进攻，但实际过程中却出现了背叛，入侵者也可能被歼灭。于是，各方都小心行事，不敢轻易相信邻国。

这就是拜占庭将军问题，如何来解决？

这个问题困扰了很多科学家，有人觉得，可以用口头信息来解决，但口头协议并不能明确消息来源者是敌是友，即消息不可追溯，即使信息不一致，也很难找出叛徒。有人觉得，可以用书信协议进行传达，将军都有自己的签名，但当时的通信工具只有马匹，签名还可能被造假，最重要的是，异步书信，各将军很难达成一致，非常耗费时间。

在这个由互不信任的国家构成的P2P网络（分布式网络）中，必须一起完成，才能获得最大利益，如何达成共识也就变成了难题。随着历史发展，2005年哈克芬尼提出了可重复使用的工作量证明机制（RPOW）。哈克芬尼和中本聪是合作伙伴，受到哈克芬尼的启发，中本聪发明了工作量证明（POW），利用新币发行的刺激机制，解决了拜占庭将军问题，漂亮地实现了公开网络上的信任机制问题。

那么，什么是工作量证明（POW）？打个简单的比方，中本聪给十位将军出了一道数学题,各位将军花时间去解答,谁先找到答案,就能通过非对称加密技术去找其他将军验证,只要有50%以上的将军通过了验证,就能达成共识。通过这种方式,拜占庭将军问题被解决了。

4. 密码朋克

说到比特币的起源,就不得不谈到一个神秘团体:密码朋克。这个团体是密码天才的松散联盟,基于区块链思想的第一个应用——比特币,就是在这里产生的。

密码朋克是数字货币最早的传播者,在其邮件组中总会出现关于数字货币的讨论,一些想法甚至还会付诸实践。其实,比特币并不是数字货币的首次尝试,据统计,在比特币诞生之前,失败的数字货币或支付多达数十个,正是这些探索为比特币的诞生提供了大量可借鉴的经验。

2008年10月31日,在一个普通的密码学邮件列表中,几百个成员收到了一个名叫中本聪的人的电子邮件:"我一直在研究一个新的电子现金系统,这完全是点对点的、无需任何可信的第三方。"然后,他将收件人引向一个白皮书,其中描述了一个新的货币系统。同年11月16日,中本聪发布了比特币代码的先行版本。

2009年1月3日,中本聪在一个小型服务器上挖出了比特币的第一个区块——创世区块,并获得了首批挖矿奖励50个比特币。在创世区块中,中本聪写下了这样一段话:"财政大臣站在第二次援助银行的边缘这句话是当天《泰晤士报》的头版的标题。"将这句话写进创世区块,不仅清晰地展示了比特币的诞生时间,还暗含着对旧有体系的嘲讽。

其实，加密数字货币并不是什么新概念，过去很多人都试图打造这样的系统，但都失败了。如何来证明比特币比之前的尝试更好？当时，即使在密码朋克内部，多数人也对中本聪的系统没抱太多的希望。而事实上，中本聪却通过一个天才的发明——区块链，扫清了创造加密数字货币的最后障碍。

从上面区块链的发展过程中可以看出，区块链的发展并不是一日之功，而是经历了一代又一代的沉淀和积累。

二、国外区块链产业现状

国际上关于区块链的研究与应用表现出联盟化、金融级、全盘布局的特点，主要参与对象既有大型商业银行、银行卡组织，也有科技公司、咨询公司，目的是为了对金融基础设施进行优化和重构。

国际主要联盟以 R3CEV 公司为主导，全球主要银行财团共同参与，目前成员机构数量超过 70 家，除了一批国内金融机构相继加入外，也有个别金融巨头退出。2016 年 11 月，R3 联盟 8 家银行成员对英特尔区块链平台进行了测试；12 月初，为了增加联盟的影响力和完善公司的区块链项目，R3 公开发布了分布式账本平台 Corda 源代码。

金融机构与区块链科技公司合作，协助业务设计和开发。

为了有效减少支付清算成本、加快清算速度、保证资金，安全瑞士银行、德意志银行、桑坦德银行、纽约梅隆银行和 ICAP 与区块链企业ClearmaticS共同发行了基于区块链技术的新型USC代币（Utility Settlement Coin），用于金融市场交易结算和清算；三菱东京日联银行与IBM进行区块链合同管理试验，利用区块链技术开展与合作伙伴签署合同时的设计、运营和执行；富国银行与澳新银行合作开发区块链平台，创建和共享大量关系银行账户，提高了跨境关系银行的支付和结算速度。

同时，传统科技公司和咨询公司展开了对区块链技术的研究与应用，为了增强合作的基础和吸引力，部分企业还将区块链源代码开源。比如：为了提供金融级别的区块链解决方案，推进区块链行业标准形成，IBM以Open Block Chain为基础，通过Linux基金会发起了开源项目HyPerLedger；R3向全球公开发布了分布式账本平台Corda源代码，并在Corda.net网站为开发者和爱好者提供补充材料。

要点二：区块链发展的六个阶段

区块链是由一系列技术实现的全新去中心化经济组织模式，2009年比特币系统构建，2017年成为全球经济热点。为了方便理解区块链的历史与趋势，我们可以将其发展划分为六个阶段。

1. 技术实验阶段（2007—2009年）

为了用一系列技术创造一种新的货币——比特币，化名中本聪的比特币创始人从2007年开始了探索，2008年10月31日发布了《比特币白皮书》，2009年1月3日比特币系统开始运行。支撑比特币体系的主要技术包括：哈希函数、分布式账本、区块链、非对称加密、工作量证明，这些技术构成了区块链的最初版本。从2007年到2009年年底，比特币的参与者和实验者都很少，相关商业活动还没有真正开始。

2. 极客小众阶段（2010—2012年）

2010年2月6日诞生了第一个比特币交易所，5月22日有人用10000个比特币购买了2个披萨。2010年7月17日著名的比特币交易所Mt.gox成立，比特币真正进入了市场。可是即便如此，能够了解到比特币，从而

进入市场中参与比特币买卖的，依然是狂热于互联网技术的极客。他们在Bitcointalk.org 论坛上讨论比特币技术，在自己的电脑上挖矿，在 Mt.gox 上买卖比特币。仅用了四年时间，一些技术宅就摇身变成了亿万富翁。

3. 市场酝酿阶段（2013—2015 年）

在这个阶段，大众开始了解比特币和区块链，但还没有普遍认同。2013 年年初比特币的价格是 13 美元，金融危机中，塞浦路斯政府关闭银行和股市，比特币价格飙升。4 月最高到 266 美元；8 月 20 日德国政府确认比特币的货币地位；10 月 14 日中国百度开通比特币支付；11 月美国参议院听证会明确了比特币的合法性；11 月 19 日比特币价格达到 1242 美元。可是，区块链依然不具备进入主流社会的经济基础，随着中国银行体系遏制、Mt.Gox 的倒闭等事件的触发，比特币价格持续下跌，2015 年年初跌至 200 美元以下。

4. 进入主流阶段（2016—2018 年）

这一时期，世界主流经济不确定性增强，具有避险功能的比特币开始复苏，市场需求增大，交易规模快速扩张。虽然中国市场受到政策的严厉遏制，但韩国、日本、拉美等市场快速升温，比特币价格飙升至 2017 年年底的 20000 美元。比特币的造富效应，带动了其他虚拟货币及各种区块链应用的大爆发，出现了百倍、千倍甚至万倍增值的区块链资产，受到了全球追捧，比特币和区块链彻底进入了全球视野。

5. 产业落地阶段（约 2019—2021 年）

在市场狂乱之后，2018 年虚拟货币和区块链会在市场、监管、认知等方面进行调整，回归理性。2017年造富效应和区块链理想造就的众多区块链项目中，大部分会随着市场的降温而消亡，小部分会坚持下来。2019年这些项目将会初步落地，但依然需要经过几年的市场检验。到2021年，在区块链适宜的主要行业领域一些企业会稳步发展起来，加密货币会得到广泛应用。

6. 产业成熟阶段（约2022—2025年）

各种区块链项目落地见效，进入激烈而快速的市场竞争和产业整合阶段，三五年后会形成一些行业龙头，完成市场划分，区块链产业格局基本形成，相关法律法规基本健全，区块链对社会经济各领域的推动作用快速显现，加密货币成为主流货币，区块链在全球范围内对人们的生活产生广泛而深刻的影响。

要点三：区块链的发展历程

区块链1.0：比特币得到广泛应用

区块链1.0是以比特币为代表的数字货币应用，场景主要包括支付、流通等货币职能，比特币是区块链1.0的典型应用。

目前，区块链技术最广泛、最成功的运用是以比特币为代表的数字货币。由于去中心化信用和频繁交易的特点，使得其具有较高交易流通价值。自比特币诞生以后，已经陆续出现了数百种的数字货币，围绕着数字货币生成、存储、交易形成了较为庞大的产业链生态。以比特币为例，参与机构主要可分为基础设施、交易平台、ICo融资服务、区块链综合服务等四类。

区块链1.0的典型特征如下：

一是以区块为单位的链状数据块结构。区块链系统各节点通过一定的共识机制选取具有打包交易权限的区块节点，该节点需要将新区块的前一个区块的哈希值、当前时间戳、一段时间内发生的有效交易及其梅克尔树根值等内容打包成一个区块,向全网广播。由于每个区块都与前续区块通过密码学证明的方式链接在一起的,当区块链达到一定的长度后,就要修改某个历史区块中的交易内容,必须将该区块之前的所有区块的交易记录及密码学证明进行重构,如此就有效实现了防篡改。

二是全网共享账本。在典型的区块链网络中,每个节点都能存储全网发生的历史交易记录账本,对个别节点的账本数据的篡改、攻击,都不会影响全网总账的安全性。此外,由于全网的节点是通过点对点的方式连接起来的,没有单一的中心化服务器,因此不存在单一的攻击入口。同时,全网共享账本这个特性也使得防止双重支付成为现实。

三是非对称加密。在典型的区块链网络中,账户体系由非对称加密算法下的公钥和私钥组成,如果没有私钥,就无法使用对应公钥中的资产。非对称加密采用两套密钥,每个用户都有两个密钥:公钥和私钥。两个密钥互相匹配,公钥对外公开,私钥用户本人持有。通信时,发信方使用收信方的公钥进行加密,收信方一旦收到信,公钥就失效,只有私钥才能解密。基于这种算法,区块链通信无法被篡改,因而是安全的。这种方法的好处在于:加解密都很快,只要密钥一致,就能立刻实现数据解密。但也存在缺点,加密数据容易篡改和破解。

四是开源的源代码。区块链网络中设定的共识机制、规则等都可以通过一致的、开源的源代码进行验证。

比特币有着巨大的革命性的意义,没有区块链技术保障、没有法律保障的货币，是无法依靠数学算法在世界上通行的。货币是主权的象征，背后必定有法律、政府来背书的，各国都是这样，比特币没有这种背书，只是靠数学的算法来实现，所以技术上有很大的借鉴作用。

区块链2.0：数字货币与智能合约结合

区块链2.0是数字货币与智能合约的结合，能够让金融领域更广泛的场景和流程进行优化。

利用区块链技术来转换不同的资产，不仅仅是比特币通过转让来创建不同资产单元的价值。让所有的金融交易都可以被改造成在区块链上使用，包括股票、私募股权、众筹、债券、对冲基金和所有类型的金融衍生品，如期货、期权等。

区块链应用于金融领域有着天生的绝对优势，主观来看，金融机构在区块链应用的探索上意愿最强，需要使用新技术来提高运营效率，需要降低成本来应对整个全球经济当前现状。客观来看，金融行业市场空间巨大，些许的进步就能带来巨大收益。

金融行业是对安全性、稳定性要求极高的行业，如果区块链在金融领域应用得以验证，必然会产生巨大的示范效应，迅速在其他行业推广。在金融领域，除去数字货币应用，区块链也逐渐在跨境支付、供应链金融、保险、数字票据、资产证券化、银行征信等泛金融领域开始了应用。

1. 跨境支付

该领域的痛点在于到账周期长、费用高、交易透明度低。以第三方支付公司为中心,完成支付流程中的记账、结算和清算,到账周期长,比如跨境支付到账周期在三天以上,费用较高。以 PayPal 为例,普通跨境支付交易手续费率为 4.4%+0.3 美元,提现到国内以美元进账,单笔一次 35 美元,以人民币进账 1.2% 的费用。

区块链去中介化、交易公开透明和不可篡改的特点,没有第三方支付机构加入,缩短了支付周期、降低费用、增加了交易透明度。在这一领域,RiPPle 支付体系已经开始了实验性应用,主要为加入联盟内的成员商业银行和其他金融机构提供外汇转账方案。国内金融机构中,招商银行落地了国内首个区块链跨境支付应用,民生银行、中国银联等也在积极推进。

2. 数字票据

该领域痛点在于三个风险问题:

(1)操作风险:由于系统中心化,一旦中心服务器出问题,整个市场瘫痪。(2)市场风险:根据数据统计,2016 年涉及金额达到数亿以上的风险事件就有七件,涉及多家银行。(3)道德风险:市场上存在"一票多卖"、虚假商业汇票等事件。

区块链去中介化、系统稳定性、共识机制、不可篡改的特点,减少了传统中心化系统中的操作风险、市场风险和道德风险。

目前,国际区块链联盟 R3 联合以太坊、微软共同研发了一套基于区块链技术的商业票据交易系统,包括高盛、摩根大通、瑞士联合银行、巴

克莱银行等著名国际金融机构加入了试用,并对票据交易、票据签发、票据赎回等功能进行了公开测试。与现有电子票据体系的技术支撑架构完全不同,该种类数字票据可在具备目前电子票据的所有功能和优点的基础上,进一步融合区块链技术的优势,是一种更安全、更智能、更便捷的票据形态。

国内,浙商银行上线了第一个基于区块链技术的移动数字汇票应用,央行和恒生电子等也在测试区块链数字票据平台。

3. 征信管理

该领域的痛点在于:数据缺乏共享,征信机构与用户信息不对称;正规市场化数据采集渠道有限,数据源争夺战耗费大量成本;数据隐私保护问题突出,传统技术架构难以满足新要求等。

在征信领域,区块链具有去中心化、去信任、时间戳、非对称加密和智能合约等特征,在技术层面保证了可以在有效保护数据隐私的基础上实现有限度、可管控的信用数据共享和验证。国内目前中国平安在开展区块链征信方向的探索,创业公司如LinkEye、布比区块链等也在这一领域进行尝试。

4. 资产证券化

这一领域业务痛点在于:底层资产真假无法保证;参与主体多、操作环节多交易透明度低出现信息不对称等问题,造成风险难以把控。数据痛点在于各参与方之间流转效率不高、各方交易系统间资金清算和对账往往需要大量人力物力、资产回款方式有线上线下多种渠道,无法监控资产的真实情况,还存在资产包形成后,交易链条里各方机构对底层资产数据真实性和准确性的信任问题。

区块链去中介化、共识机制、不可篡改的特点，增加数据流转效率，减少成本，实时监控资产的真实情况，保证交易链条各方机构对底层资产的信任问题。

在所有交易所中，纳斯达克证券交易所表现最为激进。其目前已正式上线了 FLinq 区块链私募证券交易平台。此外，纽交所、澳洲交易所、韩国交易所也在积极推进区块链技术的探索与实践。国内多家金融机构、百度、京东、蚂蚁金服等也在积极推进基于区块链技术的资产证券化业务，其中百度金融先后与华能信托、长安新生等落地了国内首单区块链技术支持证券化项目和区块链技术支持交易所 ABS 项目。

5. 供应链金融

这一领域的痛点在于融资周期长、费用高。以供应链核心企业系统为中心，第三方征信机构很难鉴定供应链上各种相关凭证的真伪，造成人工审核的时间长、融资费用高。

区块链去中介化、共识机制、不可篡改的特点，不需要第三方征信机构鉴定供应链上各种相关凭证的真实性，降低融资成本、减少融资的周期。

易见股份与 IBM 合作发布了国内首个区块链供应链金融服务系统"易见区块"；宜信、点融网与富金通、群星金融等机构也推出了相关应用。

6. 保险业务

随着区块链技术的发展，未来关于个人的健康状况、事故记录等信息可能会上传至区块链中，使保险公司在客户投保时可以更加及时、准确地获得风险信息，从而降低核保成本、提升效率。区块链的共享透明特点降低了信息不对称,还可降低逆向选择风险;而其历史可追踪的特点,则有利于减少道德风险,进而降低保险的管理难度和管理成本。

目前,英国的区块链初创公司 Edgelogic 正与 Aviva 保险公司进行合作,共同探索对珍贵宝石提供基于区块链技术的保险服务。国内的阳光保险于 2016 年采用区块链技术作为底层技术架构,推出了"阳光贝"积分,成为国内第一家落地区块链应用的保险公司。中国平安、众安保险、中国人寿等多家保险公司也在推进区块链技术应用落地。

区块链 3.0:泛行业去中心化应用

区块链 3.0 应用是超越货币和金融范围的泛行业去中心化应用,特别是在政府、医疗、科学、文化和艺术等领域的应用。尽管区块链技术还存在可扩展性、隐私和安全、开源项目不够成熟等问题,但是已有的应用充分证明了区块链的价值。未来一段时间内,随着区块链技术不断成熟,其应用将带来以下几个方面的价值:

1. 推动新一代信息技术产业的发展

随着区块链技术应用的不断深入,将为云计算、大数据、物联网、人工智能等新一代信息技术的发展创造新的机遇。例如,随着万向、微众等重点企业不断推动 BaaS 平台的深入应用,必将带动云计算和大数据的发展。这样的机遇将有利于信息技术的升级换代,也将有助于推动信息产业的跨越式发展。

2. 为经济社会转型升级提供技术支撑

随着区块链技术广泛应用于金融服务、供应链管理、文化娱乐、智能制造、社会公益以及教育就业等经济社会各领域，必将优化各行业的业务流程、降低运营成本、提升协同效率，进而为经济社会转型升级提供系统化的支撑。例如，随着区块链技术在版权交易和保护方面应用的不断成熟，将对文化娱乐行业的转型发展起到积极的推动作用。

3. 培育新的创业创新机会

国内外已有的应用实践证明，区块链技术作为一种大规模协作的工具，能推动不同经济体内交易的广度和深度迈上一个新的台阶，并能有效降低交易成本。例如，万向将结合"创新聚能城"建设，构建区块链的创业创新平台，既为个人和中小企业创业创新提供平台支撑，又为将来应用区块链技术奠定了基础。可以预见的未来是：随着区块链技术的广泛运用，新的商业模式会大量涌现，为创业创新创造新的机遇。

4. 为社会管理和治理水平的提升提供技术手段

随着区块链技术在公共管理、社会保障、知识产权管理和保护、土地所有权管理等领域的应用不断成熟和深入，将有效提升公众参与度，降低社会运营成本，提高社会管理的质量和效率，对社会管理和治理水平的提升具有重要的促进作用。例如，蚂蚁金服将区块链运用于公益捐款，为全社会提升公益活动的透明度和信任度树立了榜样，也为区块链技术用于提升社会管理和治理水平提供了实践参考。

要点四：区块链的百链竞发

一、区块链，百链竞发

公有链又分为水平链和垂直链，各链条纵横交错，共同竞发。

每条水平公链，都是未来世界中最重要的基础设施，也是未来信用社会的基石。

每条垂直公链，都是一个独立品牌的通证经济体，拥有自己的通证本位币（或称为加密代币）以及多阶、多维、多态的通证、拥有自己社群独有的治理理念、治理机构和治理体系。伟大的通证经济体，通常也是诞生于某一款简单和能抓准用户痛点的杀手级应用。

公链是重大的基础设施，且是未来信用社会的基石，未来必然会获得井喷式发展。

二、区块链发展前景

1. 区块链技术将与传统中心化系统相互结合补充

区块链技术并非要简单取代传统金融的中心化业务系统，但其分布式、

第二章 区块链的出现和发展

开放型的属性确实对传统金融的模式造成了影响,甚至是冲击。从现有区块链技术方案和研究计划看,传统金融机构并未完全放弃传统中心化系统,区块链系统与现有处理系统并行及整合,更多作为补充和新的尝试。在特定业务场景中采用区块链技术,有助于提升系统技术能力,培育更好的业务生态,创造出运营与监管创新机会。

2. 区块链应用将在范围可控、风险可控前提下开展

有别于互联网金融从野蛮生长、风险蔓延到严厉整治的过程,区块链应用在未来一段时期内将在一个范围可控、风险可控的良性环境中发展,英国、新加坡、中国香港地区等建立的"沙箱机制"提供了一种可行的思路,即在受限的安全环境中运行应用程序,通过限制授予应用程序的代码访问权限,为一些来源不可信或无法判定应用效果的程序提供实验环境。通过沙箱,一方面鼓励金融创新在可控范围中形成快速试验;另一方面,通过在沙箱中封闭运行基于区块链技术的应用,可有效监督其市场表现,审慎判断其是否对金融市场和社会福利有贡献,严格控制风险范围,使之不会扩散。

3. 区块链研究与应用更强调合作

区块链联盟大批成立,反映出在区块链研究和应用层面通过合作增强研究力量、加大资源投入及深化应用探索成为各方共识。同时,无论是中央银行、商业银行、卡公司、支付公司,还是科技公司、咨询公司等,两家甚至多家机构合作开发区块链平台并开展相关应用测试成为普遍现象。

为了增强合作的基础和吸引力,部分企业选择将区块链源代码开源。IBM通过Linux基金会发起的开源项目HyPerLedger,其目标是打造成一

个由全社会来共同维护的超级账本。2016年12月，R3向全球公开发布分布式账本平台Corda源代码，并在Corda.net网站为开发者和爱好者提供补充材料，旨在鼓励更多的公司和用户采用R3技术，以形成网络效应，促进平台更多的开发、设计和应用。

4. 区块链将依托于具体应用场景而存在

区块链行业的产业链层级已逐渐成形，基础技术、平台、应用层面均在快速发展；应用领域百花齐放，从支付转账、电子商务、社交等面向个人的应用，到数据管理、版权保护及交易、电子商务、金融交易结算、域名管理等面向企业的应用，均有概念验证案例出现。其中，我们认为区块链目前较为适合的应用场景主要集中在企业端。因为企业端应用相对用户端应用所涉及的节点较少，区块链构建相对容易；企业端对运用区块链改造传统业务流程的诉求更为强烈，而用户端则更加强调体验的一致性。

第二章 区块链的分类

种类一：公有区块链

公共区块链，简称公链，是指全世界任何人都能够读取的、任何人都能发送交易且交易能获得有效确认的、任何人都能参与共识过程的区块链——共识过程决定着哪个区块能够被添加到区块链中。

公链是中心化或准中心化信任的替代物，其安全由"加密数字经济"来维护。"加密数字经济"采取工作量证明机制或权益证明机制等方式，将经济奖励和加密数字验证结合起来，并遵循一般原则：从中获得经济奖励与做出的贡献成正比。

公链通常被认为是"完全去中心化"的，往往具有以下两个特点：

（1）保护用户免受开发者的影响。在公有链中，程序开发者没有权利干涉用户，区块链可以保护开发程序的用户。

（2）访问门槛低。只要拥有足够的技术能力，任何人都可以访问。也就是说，只要有一台能够联网的计算机，就能进行访问。

（3）所有数据默认公开。虽然所有关联的参与者都会隐藏自己的真实身份，但每个参与者都可以看到所有的账户余额和交易活动。

如果说 2017 年是区块链的元年，那么 2018 年就是公有链的元年。公有链是目前区块链行业各大公司与机构重点关注的领域，数据显示，2018 年前三个月 ICO 融资的规模已经超过 2017 年全年水平，大多数投资者投资的都是公有链项目。那么，未来最具潜力的十大公链会是什么呢？

1.EOS

这是去中心化应用的最强大的基础设施。EOS 通过共识算法（DPOS）来解决可扩展性的问题。DPOS 每 3 秒就能生成一个区块，同时在任何时间点都只有一个被授权的生产者来生成区块。如此，EOS 就做到了承载大量用户、速度快、交易费用低等几点。但 DPOS 机制也存在不足：临时股东大会制度，导致出块的永远都是拥有大量代币的用户，多数奖励都被他们拿走，加大了贫富差距，恶性循环，最终会变成一个巨头垄断的中心化网络。

2.IPC 知产链

互联网，不仅打乱了传统的产业模式，也为知识产权保护带来了更多的挑战，使得知识产权和服务更加复杂。尤其是在互联网迅猛发展、信息传播成本几乎为零的今天，创新成果更容易被他人复制，不用严格的知识产权保护制度进行约束，企业创新投资就很难得到回报，定然会严重打击企业创新的积极性。

如今，盗版和无视知识产权，侵蚀原创权益，已经成为知识经济产业的尖锐痛点。IPC 的系统设计，用了经典的 UTXO 模型做为底层数据的存储结构，每秒的交易速度超过 1000，完全优于以太坊，避免了各种安全攻击，还会对交易进行严格校验。

3. NEO 小蚁

NEO 的共识机制是 DBFT，全称为"Delegated Byzantine Fault tolerant"，DBFT 主要为由 n 个共识节点组成的共识系统提供容错能力，同时包括安全性和可用性，可以抵抗一般性故障和拜占庭故障，适用于任何网络环境。

在 NEO 的 DBFT 共识机制下，大约每 20 秒就能生成一个区块，交易吞吐量测试可以达到约 1000TPS，在公有链中性能优秀。适当优化，甚至还可能达到 10000TPS，足够支持大规模的商业化应用。

4. ADA

ADA 不仅是加密货币，还是一个完全开源的区块链平台。分层区块链生态，是 ADA 的里程碑式概念；整个体系可以划分为结算层和计算层两个层次，分别解决了货币和智能合约两个层面的问题。ADA 拥有一个复杂而庞大的体系架构，开发中需要采用更多的创新思维。比如，POS 是一种可证明安全的权益证明协议，是一种高效的共识算法，是加密币界第一种真正严格的安全算法；这种算法的论文，也是目前唯一被加密学会议收录的论文；它是模块化的，适用于未来。通过这种算法，ADA 就能提高用户数量和交易速度，交易费也会相应降低。

5. Qtum 量子链

量子链结合了比特币生态的优势，通过账户抽象层完美兼容包括以太坊在内的各类虚拟机，采用权益共识机制（POS），为商业应用落地和分布式移动应用提供无限可能性。但是，也存在 POS 机制固有的问题，比如：

不专业，拥有权益的参与者不一定希望参与记账；容易产生分叉，需要等待多个确认；没有最终性，需要检查点机制来弥补。

6.AE

AE的解决方案是：状态通道（POS+POW的双重算法）+分片树（Sharding Trees）。AE的智能合约是一种纯粹的功能选项，仅存在于状态通道中，用户仅在侧链上进行互动。只有在意见不同的时候，智能合约才会涉及区块链，如此就极大地提升了AE的运行速度，还具备了大容量和低成本的特点。

7.BTM 比原链

比原链共识机制，采用对人工智能ASIC芯片友好型POW算法，在哈希过程中引入矩阵和卷积计算，即使矿机被闲置或淘汰，也能提高AI硬件加速服务，产生额外的社会效益。

8.ONT 本体

"本体"是一个全新的基础性公有链网体系，在一体化的协议体系下，其将信任的多样性进行协同，将多样化分布式多维实体认证体系、各类区块链体系与信息系统整合到一起，纳入多源身份认证和多源信息交换协议，提供不同的分布式应用场景，实现了分布式点对点的信任体系，构建了跨链、跨系统、跨行业、跨应用和跨终端的分布式信任基础体系。因此，本体也被称之为本体链群、本体链，即区块链之间的互联。

9.NAS 星云

星云采用独创的POD（Proof Of DevOtiOn）贡献度证明共识算法，将选取生态中贡献度较高的账户，不同之处在于：POD赋予选取出来的账户平等概率的记账权来参与产生新区块（block），防止概率倾斜衍生垄断。贡献度用星云指数 NR 作为价值尺度。这样就达到了快速、不可逆的目标。

10.ETP 元界

元界改进了 DPOS 共识机制，加入了币区块高度和心跳的概念，其不同之处在于：元界系统的 ETP 持有人不会以被动接收代币的方式获得新的 ETP，需要持有人向系统发送一个"心跳"，证明该 ETP 持有者是活跃的，具有一定的创新性。

种类二：联盟区块链

联盟区块链，简称联盟链，指的是，其共识过程受到预选节点控制的区块链。设想，一个由15个金融机构组成的共同体，每个机构都运行一个节点，为了使每个区块生效，就要获得10个机构的确认（2/3确认）。区块链或许允许每个人都可读取，或者只受限于参与者，或走混合型路线，例如，区块的根哈希及其API（应用程序接口）对外公开，API允许外界用来作有限次数的查询和获取区块链状态的信息。

从本质上来说，联盟链依然是一种私有链，只不过它比单个小组织开发的私有链更大，规模却不如公有链而已，是介于私有链和公有链之间的一种区块链。

一、联盟链的产生和维护

联盟链，针对的是特定某个群体的成员和有限的第三方，内部会指定多个预选的节点当作记账人，各块的生成由预选节点共同决定，其他接入节点可以参与交易,但不过问记账过程,其他第三方可以通过该区块链开放的 API 进行限定查询。

为了获得更好的性能,联盟链对共识或验证节点的配置和网络环境有一定要求。设置准入机制,使得交易性能更容易提高,避免参次不齐的参与者产生问题。

1. 联盟链的产生

联盟区块链产生,可以从联盟链使用的群体了解。其主要群体是银行、保险、证券、商业协会、集团企业及上下游企业。

区块链诞生于移动互联网时代,这些企业普遍 IT 化和互联网化,区块链进一步提升了这些圈子的产业链条中的公证、结算清算业务和价值交换网络效率。但是,现有区块链的处理性能、隐私保护、合规性等都不能满足这些企业的业务需求;同时,他们也意识到,全面采用比特币的那套完全公链的设计理念,会颠覆现有的商业模式和固有利益,还要担负很大的风险,于是开始改造自己的区块链体系。

目前的联盟链形态以分布式账本 (DSL) 为主,区块链的分布式账本和分布式共识为他们解决了核心问题,即联盟中多个参与方交互的信任问题。目前,应用于联盟链的典型开源区块链代码项目 Fabrice,是(超级账本 HyPer-Ledger)的基础设施主要项目之一,由 IBM 推出。

2. 联盟链的维护

联盟链的维护治理,一般由联盟成员负责,通常采用选举制,容易进行权限控制;代码部分开源或定向开源,主要由成员团队进行开发,或厂家定制产品。

联盟链治理的传统方案有很多种，相对于公有链来说，治理更有规律，但也会遇到联盟治理的问题。比如：联盟成员中的联合欺诈、竞争性联盟成员的利益均衡等。从治理层面来说，主要问题有：节点使用收获和投入维护的不对称考虑、联盟链的数据资产权属等。这些问题，同样都要联盟链成立之初考虑和完善。

二、联盟链的优点

跟公共区块链比较起来，联盟链在效率和灵活性上更有优势，主要体现为：

1. 交易成本更便宜，交易只需被几个受信的高算力节点验证就可以，不用全网确认。

2. 节点能很好地连接，故障可以迅速通过人工干预来修复，允许使用共识算法减少区块时间，能够更快完成交易。

3. 如果读取权限受到限制，可以提供更好的隐私保护。

4. 形式更灵活，运行私有链的共同体或公司可以容易地修改该区块链的规则、还原交易、修改余额等。

5. 部分去中心化，在某种程度上联盟链只属于联盟成员所有，很容易达成共识。

6. 公有链一旦形成区块链，将很难篡改，因为公有链的节点一般是海量的。

7. 数据不会默认公开，联盟链的数据只能面向联盟里的机构及其用户。

8. 达成共识容易，交易速度很快。

三、联盟链需要多链架构

联盟链对多链架构的需求，可以归总为以下两点：

1. 应用的需要

现有区块链技术在单链架构下存在很多方面的瓶颈，比如性能上、容量上、隐私上、隔离性上、扩展上。想象一下：一个用户数以亿计的支付应用，每秒交易请求高达几万笔，每日交易笔数高达几亿笔，用户交易达到秒级响应体验。

在现有的区块链技术下，数据存储采用链式本地存储，无法平行扩展；共识机制采用同步式状态机模型，无法高效处理交易；受限于网络中单节点的性能极限，单链架构无法满足应用的性能、容量、用户体验和其他要求。

此外，为了达到数据隔离的业务要求和安全要求，一些应用内部需要根据业务功能的需求对数据平行切分，而当前区块链技术体系中单链中的每个全节点都拥有全网所有数据，因此无法满足此类应用要求。

另外，区块链的互操作性是一些应用的基础需求。比如，理财应用，用户可以用某项资产交换不同机构的理财产品，不同的资产需要在多条链上做转移和交换。因此，联盟链的某些应用在单链上无法完整实现，需要借助多链架构下的可扩展性、隔离性、高性能、互操作等特性的帮助。

2. 组织治理的需要

联盟链是个广泛的治理共同体，但在广泛共同体下依然允许存在多个不同的小集体，既允许机构或行业做更深度的治理收敛，还允许多个不同的小集体共享联盟链的基础设施。在实际操作中如果将治理收敛为一条链，那么，多链就更符合实际的场景治理了。

四、联盟链的多链架构特点与挑战

1. 安全性

多链架构对安全性有着较高的要求。安全性的要求主要来自两方面：一方面来源于区块链自身的安全，包括网络通信安全、数据安全、应急处理等；一方面来源于跨链机制安全，包括消息有效性、互操作的合法性控制等。

通常，出于安全考虑，机构节点会在网络通信层、落盘存储层、数据隐私等方面进行多层次安全防护。同时，联盟链还拥有严格的身份许可管理和权限管理机制。一方面，参与区块链共识的节点都具有唯一的公开链上身份信息和链下可追溯的机构身份；一方面机构用户都经过了严格的KYC机制过滤，区块链交易的参与者都是可确定的。在特殊情况下，参与机构可以在链下一致行动应对力，参与机构能够高度把控联盟链网络。

因此，如何实现跨链机制的安全性是多链架构中的重要考量内容。在协议设计上要满足以下几点要求：消息的高效路由机制、消息发送方的身份证明、消息接收方的存在证明、消息有效性的自我证明、消息的生命期管理。

2. 一致性

一致性是分布式系统中的重要目标之一。联盟链采用PBFT类共识算法，较为高效地解决了多节点参与情况下的典型分布式一致性问题，比如消息无序、参与方异常、网络分化等。同时，如果允许一定比例的拜占庭参与方，还能保持最终的一致性。

在跨链场景中，跨链交易的一致性问题已经得到简化。因为每次交互，都能够认为只有两方参与。其中的参与一方在执行跨链交易前，必须先确认消息的合法性。而联盟链一般都对区块附带签名，且不会运行时分叉切换，因此消息的合法性验证比较容易。因此，一致性问题也就退化成了跨链交易原子性问题。

交易原子性问题的解决方法共有两种：强原子性和最终原子性。

（1）强原子性方法。一种方法是，发生跨链交易时，交互的两条链针对当前区块临时组成一条链，两条链的共识节点组成该临时链的共识节点组，两条链的所有共识节点都参与出块签名，签名数据和出块条件都满足两边需要，两边共识算法保持一致或兼容，且新跨链的区块能同时无缝接入两条链。另一种方法是验证人的实现，额外选出一组双方认可的第三方验证人，处理跨链交易，且第三方链处理后的账本数据被交易双方认可为各自账本的一部分。

（2）最终原子性方法。这种方法类似于中继链和哈希锁定。通过双向锁定、资产托管等方式来实施过程控制，可以归结为多次共识过程的思路。

当然，在实现中具体采用哪种方法，需要根据参与方角色、业务场景特点、可用性要求、性能要求、时间进度要求等来做综合考量。

3. 可用性

可用性代表的是区块链网络的数据可访问性。

在多链无跨链的场景中，业务请求会根据不同的路由规则对不同的单链进行访问，某个单链的不可用只会影响本链请求，其余链的请求依然可以正常处理，因此多链架构极大地提升了整体可用性。可是，跨链场景却会变得异常复杂。某个单链的不可用不仅会影响本链的请求，还会对影响其他链发出的跨链交易请求，导致其他链自身交易处理的失败，进一步降低整体可用性。

根据分布式系统的CAP理论，系统设计中，如果分区容错性必须接受现实情况，就要对可用性和一致性做折中和权衡。在联盟链跨链交易场景中，需要考虑这样几点：交易时延的要求、交易对原子性的要求、交易状态的背书对一致性的影响、治理模型失败的影响等。

种类三：私有链

完全私有链，简称私链。

所谓私链是指，其写入权限仅在一个组织手里。读取权限或者对外开放，或被任意程度地进行限制，相关的应用囊括数据库管理、审计甚至公司。虽然在有些情况下能有公共的可审计性，但在多数情形下，公共的可读性不一定都是必需的。

私有链和传统应用的数据库没什么差别，但是如果将公共节点添加到其中，会得到比数据库更多的节点。如此，开放的区块链也就成了获得可信账本的最佳途径，其结果主要取决于"去中心化"的范围力度。力度越大，越适用。不同于公有链，私有链可以改善存在于传统金融模式里的一些诟病，例如金融机构的工作效率问题、金融敲诈问题等；而公有链可以用软件来颠覆传统金融模式大部分功能，与私有链形成了鲜明的对比。

一、私有链的优点

私有链的优点主要体现在下面几个方面：

1. 规则的改变

在某种情况下，为了满足用户的需要，私有链的运行公司在区块链上一些规则是可以修改的。比如，修改用户账户余额、还原交易流程等；并且，其修改过程操作简单，流程并不复杂。

2. 验证者公开

私有链上的验证是公开进行的，用户和企业都能避免来自比特币社区矿工的51%算力攻击。

3. 交易成本便宜

在私有链上运行的交易，流程的确认不需要所有网络节点的认可，只需要几个大家对其认可度高的高算力节点。如此，就大大降低了交易成本。

4. 节点更好地连接

私有链中，其节点的连接是十分方便的，假如出现故障能采用人工的方式来干预调整，并且可以使用共识算法来减少区块时间，与此同时交易时间也会缩短。私有链中，其节点的连接是十分方便的。

5. 更好的隐私保障

交易的参与者要想公开获得私有链上的数据是非常困难的，因为其读取数据的隐私权限受限。

二、私有链的应用

目前，Linux 基金会、R3CEVCorda 平台以及 Gem Health 网络的超级账本项目都在开发不同的私有链项目。各大国际金融巨头也陆续加入 R3CEV 区块链计划，金融集团之间可能更倾向于私有链。R3CEV 是一家总部位于纽约的区块链创业公司，发起了 R3 区块链联盟，至今已经吸引 50 家巨头银行的参与，其中包括富国银行、美国银行、纽约梅隆银行、花旗银行等。

第四章 区块链的特征

特征一：区块链的去中心化

一、什么是"中心化"

区块链的链表可以把一连串账本按照一定的时间顺序联系起来，并附加上哈希表——给每个账本设置一个独立的标签，提升查询效率。由此，区块链就是一个存储账本的数据结构。可是，区块链并不是存储账本这么简单，之所以会发展的如此热门，就是因为加入了去中心化技术。那么，去中心化的核心到底是什么？在回答这个问题之前，我们先来思考一下：什么是"中心化"？

举个例子，中心化就相当于一场研讨会，请来几位嘉宾阐述他们的主题，会议以嘉宾为中心。通常，参与者都要跟嘉宾进行提问沟通，但不会直接和参与者进行一对一沟通。而在"去中心化"系统中，会议就变成了一个英语角，每个参与者都能发表自己的意见，都能跟参与者进行沟通。

计算机之间也有类似的交流方式。类似参会者与嘉宾这种多对一的互

动模式，在计算机里叫作主从式架构；而英语角这种，则就被称为点对点架构。所以，区块链概念里的"去中心化"其实就是P2P。

二、什么是"去中心化"

节点与节点之间的影响，会通过网络形成一种非线性因果关系。这种开放式、扁平化、平等性的系统现象或结构，就是去中心化。

很多人认为，去中心化就是不要中心，事实恰恰相反。去中心化，不是不要中心，而是由节点来自由选择中心、自由决定中心。简单来说，去中心化就是由中心决定节点。

节点依赖中心，一旦离开了中心，节点就无法生存。而中心化，是节点决定中心，中心依赖节点，中心离开了节点就无法存在。在去中心化系统中，任何人都是一个节点，任何人都可以成为一个中心，任何中心都不是永久的、而是阶段性的，任何中心对节点都不具有强制性。

三、"去中心化"的价值是什么

"去中心化"的价值主要体现在：

1.容错力

去中心化的过程中，一旦中心出现问题，其他节点就会全线崩溃。而去中心化的系统却不太可能出现意外，因为它是依赖其他节点的，而其他节点不可能同时出问题。

2. 抗攻击力

去中心化的系统缺少敏感的中心点,中心点更容易被低的成本攻击,因此被攻击成本更高。攻击中心,可能完全崩溃,这也是越来越多投资者想让去中心化技术变得更加成熟的重要原因。

3. 防勾结串通

去中心化系统中的参与者无法以牺牲其他参与者为代价,使自己获利。这也是用户值得高兴的一点。在数字资产交易所,平台与庄家经常会勾结在一起割韭菜,如果是去中心化的交易所,就大大降低了这种可能。去中心化的交易所更加民主,用户自然更喜欢到去中心化的交易所。

三、区块链"去中心化"的应用场景

区块链"去中心化"的应用场景主要包括:

一是共享账本。以支付和清算为例,会有清算的基本需求,但经常会遇到这个问题:中间通讯断了,双方程序不同,可以清算5000万,银行却认为我们要求它清算两笔5000万。如何来处理这个问题?引用账本的概念,由支付机构和银行共同维护这个共享账本。既然这个账本是一起维护的,也就没人会对这个状态产生质疑,所有的请求都会基于这个共享账本。利用区块链解决机构与机构之间的信任问题,每一次支付都是安全的、可靠的。

二是区块链的信息见证和存储。以购买传统保险为例。购买保险的时候，保险公司会给你一份合同，盖个章，很多人都会产生这样的疑问：这个章有效吗？发生重大问题时，保险公司会不会赔付？……要想解决这些问题，就可以把保单记录在一个区块链上，由保险公司、用户以及类似腾讯这样的中介平台共同记账，用户能够从独立的区块链账本上查询到真实产生的保险记录，此记录存在于区块链上，不在某个保险公司。所以，即使保险公司抵赖，平台和数据也不能更改，从而提高说服力。

三是数字资产登记。以房子为例。现实生活中，购买房子、车子都需要登记，虚拟世界也一样，玩游戏时用户购买的装备、皮肤等都属于数字资产，这些数字资产也需要登记。但是，现实世界中有房管局、车管所等专业的服务机构，虚拟世界中怎么才能保证自己的资产已经登记、交易信息不会被篡改呢？区块链的去中心化可以解答这个问题。中证数登是全国采用区块链技术的数字资产登记服务机构，已经打通了数字资产"确权－登记－兑换－回购－仲裁"全产业链，实现了区块链去中心化在数字资产登记上的商业化落地。

四是B2C的场景。如果公司和商户想做服务，可以解决买卖双方的信任问题。不管是买家，还是卖家，都会存在信任问题。以航空延误险为例，坐飞机经常会遇到延误，如果购买延误险，可以将购买的航空延误险放在区块链上，如此他人就不能抵赖了。

五、区块链去中心化到底去了什么

比特币为什么火？区块链为什么会跟着比特币火起来？该技术的本质在哪里？抛开专业角度来讲，区块链和自媒体在自身属性上有很多相同点，过去，官方媒体对新闻的理解，认为它是从一个"中心化"数据库获取，比如，每天晚上 7 点的全国电视栏目都变成了 CCTV，到了互联网自媒体时代情况如何？所有人都可以参与这条新闻的制造，获取方式从个体变成了人人参与。

其实，这也是随着时代的变化，从"中心化"获取数据到"去中心化"获取数据的一种转变。去中心的本质，其实就是替代原有的独立广播和记录模式，建立起一个参与者都能参与、相互信任背书的新秩序。

特征二：区块链的去信任

人们常说，区块链解决了信任问题，那么，区块链的信任从哪而来？

1. 信任来自数学和密码学

完全随机的随机数生成器，保证了每次都会生成真正不同的随机数。如此，每次使用数字钱包，都能生成唯一不同的公钥和私钥。这样，就不用担心账号和私钥和别的用户重了，也不用担心自己的私钥被人偷了，保证了账号的可信。

加密哈希，数学和理论上保证了任何一个内容都会生成一个唯一的哈希值，相同的内容都会生成相同的哈希值，不同的内容都会生成出没有冲突的不同哈希值。从哈希值，无法推出原来的内容，这样就保证数据的不可篡改和数字签名的可信。

公钥体系，保证了任何公钥加密的内容，只有唯一的对应的私钥能够解开，保证了私密性和通讯过程中的安全性；任何私钥的数字签名的内容，只有相应的公钥才可以验证通过，保证了数据的完整性，即使是在传输过程中，也不可能被篡改；拿到的内容，只可能是持有公钥对应的私钥的用

户产生的，保证了对数据来源的信任。

从数学和密码学上，保证了区块链上数据的所有权的正确和数据的可信。也就是说，用户的私钥签名的数据，只可能是他本人的，别人没法模拟，更无法篡改。

2. 信任来自分布式共识

区块链的分布式共识，解决了这样的问题：在有不诚实节点的情况下，只要诚实的节点足够多，就能达成共识，达成一致性的可信结果。

基本原则，就像社会生活中的民主投票。一旦一个提议被多数人（超过50%）同意通过，那么这个提议就是大家公认的、正确的。比如，工作量证明就是解一道哈希难题，谁先解答出来，就是这次的提议，然后其他的节点再去验证，一旦多数节点被验证正确，就是这次投票的正确结果，大家以后必须认同和遵守。

3. 信任来自 Merkle 树和区块＋链的数据结构和算法

每个区块都由一个唯一的哈希值来表示，后面的哈希值的计算包括了前面区块的哈希值内容，如此所有的区块就组成了一个链式数据结构。在这种数据结构下，如果没有巨大的计算资源，数据就几乎不能被篡改。因为一旦前面的数据被改动，所在区块的哈希值就会发生改变，之后的所有区块的哈希值就重新计算，这是一个浩瀚的工程。

一个区块内所有交易生成的 Merkle 树的根节点的哈希，要参与区块的 hash 的计算，而交易本身的内容并没不会直接参与其中。这种方式，也保证了区块内的交易是不能被篡改的。通过这些数据结构，交易和交易

的顺序一旦生成，就确定了，不能改变。

4. 信任来自博弈论、经济学和心理学

博弈论中的纳什均衡指的是参与者的一种策略组合，在该策略组合上，任何参与者单独改变策略，都不会得到好处。这样，就保证了参与者是诚实合作的，能够得到最大的经济收益。任何人作恶的成本，都可能大于友好合作的收益；而且，破坏了整个区块链的经济系统，任何人都没有好处，都会遭受损失，这种结果大家都不愿意看到。

特征三：区块链的开放性

一、区块链的开放性

为了获得良性发展，比特币需要一个共识主动性指向系统，让它实现自我进化。

共识主动性之所以能实现的另一个前提是，要有充分的信息交流。但这种交流不能从参与者那里获得，因为去中心化往往伴随着对成员信任的消解，参与者相信的不再是某个成员，而是成员所在的这个系统，所以系统需要带有充分披露信息的功能。

也正是因为这个原因，比特币网络使系统本身的信息公开透明达到了最大。但由于只有系统本身可信，系统内部的成员并不可信，于是就产生了相对系统其他成员的匿名需求。在设置上表现为，用户可以使用各种化名在前台完成多样化操作，但无论使用什么化名，他们的操作都会对整个系统公开。

因为系统和成员、成员和成员之间存在这种内在矛盾，因此比特币网络不得不在系统层面上完成信息的公开，而在成员层面上则要借助各种化名实现信息公开的同时保证信息的安全。

因此，区块链系统是开放的。除了交易各方的私有信息会被加密，区块链的数据对所有人公开，任何人都可以通过公开的接口查询区块链数据和开发相关应用，整个系统信息高度透明。

二、区块链是一种开放式的场景应用

区块链系统是一种去中心化、非信任、基于博弈的体系，其产生的应用是一种基于开放式场景的应用。进一步来说，第一是数据层面的开放，第二是共识层面的开放。区块链技术的真正魅力就在于：在去中心化思想下，基于共识机制的开放式全网数据存储和处理能力。在一定程度上，联盟链和私有链都会涉及数据和共识的不开放，这是引入特权造成的结果。

那么，究竟哪个区块链平台好？这里就不得不再提一下比特币。从某种角度来说，比特币是区块链应用的第一个范例，本质上是一种相对较简单的账本结构，有着固定的简单输入输出格式。但是，今后所有区块链都是这种简单结构，笔者认为并不尽然。

区块链的成功还需要面对以下问题：

第一个是输入、输出的问题。在很多复杂场景下，都要面对更多的情况和变量。其实，所谓的"智能合约"就是一种有判断条件的输入、输出机制。

一旦输入源和输入内容变得复杂多样,必然要面对更加复杂的博弈情况。

第二个是数据存储和处理的问题。目前,比特币平均每10分钟能生成接近1M大小区块,而每秒平均处理交易的能力还在个位数摆动。可是即便如此,运行至今的全网账本已经超过80G。如果要进一步发挥区块链的作用,不可能将所有的数据都放在链内,必须有诸如"区块链数据中心"等,通过侧链校验的方式来存储链外数据。同时,由于节点设备、网络带宽和共识机制限制,当前的处理能力也严重不足,无法解决大规模数据实时并发处理的需求。

设想,当所有的广告信息数据不再局限于一家公司,而是在一定保护隐私机制下的开放式数据体系,接收大家的共同维护和监督,平台也就失去了作恶的可能。如果群体的共识算力POW能够进一步用于解决一直困扰广告系统的点击欺诈等问题,前景就会异常美好。

特征四：区块链的自治性

区块链系统的构建，依靠的是机器信任，这种信任的建立需要写入特定的数学算法，为系统建立规则，每个节点都要遵守这个规则，不能打破。

这一改变意义重大！在人类的进化过程中，首先构建的是人与人之间的信任，但由于种种原因，人是会改变的，所以这种信任不是绝对的，需要通过制度来维护，即制度信任；而区块链的出现，将我们带入了机器信任的时代，机器是不会改变的，即使人为干预也是徒劳。

区块链采用基于协商一致的规范和协议，整个系统中的所有节点都能在去信任的环境自由安全地交换数据，使得对"人"的信任改成了对机器的信任，任何人为的干预都无法发挥作用。

区块链上的自治，让参与方、中心系统按照公开算法、规则形成了一种自动协商一致的机制，记录在区块链上的每一笔交易都更加准确、更加真实，每个人都能对自己的数据做主，是实现以客户为中心的商业重构的重要一环。

区块链的智能合约更加接近现实，延伸到了社会生活和商业，可以从多个方面让机器参与这类能完成的判断和执行；社群及自治又让区块链引发了无限猜想。原本人类具备的投票、信任、承诺、协作、判定等意识或思维，区块链同时都具备了。

区块链是一项伟大的信息技术创新，在有关信息的质量和真实性上，区块链能够为人类提供高精度调制。一旦大数据、云计算、物联网、人工智能、机器人等越来越多，并被连接到一个可以互相通讯的网络，不同的程序为了实现自己的目标，数字智能就会要求其在网络上进行传输和交易，许多任务都可以通过区块链来自动管理。

特征五：区块链的信息不可篡改

区块链技术，也称为分布式账本技术。在区块链里，每个人（计算机）都有一模一样的账本，每个人（计算机）都有完全相等的权利，即使单个人（计算机）失去联系或宕机，也不会导致整个系统崩溃。

既然有一模一样的账本，就意味着所有的数据都是公开透明的，每个人都能看到每个账户上的数字变化情况。一个非常有趣的特性是，数据无法篡改。系统会通过比较，认为相同数量最多的账本是真的账本，跟别人数量不同的账本是虚假账本。在这种情况下，篡改自己的账本，没有任何意义，除非能够篡改整个系统里的大部分节点。

一、信息不可篡改

如果整个系统节点只有五个、十个节点，也许还容易做到。但是，如果有上万个甚至十万个，甚至还分布在互联网的每个角落，除非能控制世界上的多数电脑，否则不太可能篡改这样大型的区块链。达成共识后，记录到区块链中的信息是不可篡改的，信息的所有变动都会留有修改痕迹。比如，以太坊上，部署了用于发放 ERC20 标准的代币的智能合约后，也是不能修改或篡改的。

不可篡改特性是区块链的信任来源之一，其可能并不是区块链的最核心特性，但可能是最容易被设想和应用的。也就是说，把区块链看成一个分布式的可信账本，不是区块链最核心的用途，但可能是当下最容易理解、直接使用的用途。

现在，很多应用都在利用这一特性，将区块链技术用到农产品溯源、进口商品溯源等方面。比如：京东联合生鲜领域的品牌厂商建立了"京东区块链防伪追溯平台"；阿里系的菜鸟网络和天猫国际，用区块链的这一特性记录跨境进口商品的物流全链路信息。

但区块链不可篡改是优势也是最大的弊端之一：数据的可信任基于区块链的不可篡改，故而数据唯一、可信任。可是，在复杂的金融体系里，数据经常需要修改，比如：忘记了银行卡密码，需要重置密码；账户被盗需要追回资金等，对于不可篡改的区块链，这些都是硬伤。

二、信息更安全

同时，每个节点复制储存信息，这种账本式的储存方法，节点越多、架构越分散，安全性就高，因为"盗贼"不可能逐个节点地去窃取数据；另一方面，不具有绝对意义上的核心，所有节点必须按规矩办事，而这个规矩就是已经写好的数学算法。这种巧妙的设计导致区块链上存储的数据无法被篡改,其安全性不言而喻。

可是,不可篡改带来的既是数据安全,也是不安全。区块链的密匙是个人存储的,如果坏人通过欺诈等方式获得了私钥,资金和数据就会受损。所以,如果将区块链改造为可控的不可篡改的,在一个稳定运行的中心化机构中带来的优化会更好。

特征六:区块链的匿名性

由于机器信任,交易只要在节点之间按照既定的规则按部就班地进行即可,买家和卖家之间不用建立信任关系,不用公开身份,不用知道买了谁的产品,不用知道谁在买自己的东西。

一、区块链保护隐私技术

区块链的数据永远保护着人们的隐私,可是,即使是今天能保护的数据,一旦明天出现新技术,破解的可能性也会大幅增加。做任何事都要付出代价,用户便利和数据安全是一对永恒的矛盾,保护隐私还是选择便利,选择权最终都在用户手中。

数据的保护和泄露,是永恒的话题,同时也只有这样,才能相互促进,共同发展。区块链技术发展到今天,依然处于一个相对早期的阶段,无论是技术,还是使用场景,都还不成熟,还存在很多问题。但是,作为从一种分布式记账技术,区块链设计之初考虑了很多跟隐私相关的设计,这些特性未来会随着区块链的普及落地在各应用场景中,并给社会带来更多的隐私保护机制。

区块链技术是以开源和分布式为基础的,隐私安全是区块链共识的重要组成部分。区块链社区有着强烈的保护隐私动机,底层的共识会让区块链相关应用比中心化的应用更加重视隐私保护。这些是中心化的互联网产品无法具备的。

区块链上的数据一旦记录就无法被篡改,这样就给使用者带来了更高的要求。比如:应该将哪些数据放在公共存储设施,将哪些数据放在私有的存储设施?这些是生存下来的必备技能。

二、区块链能否保护更多隐私

在讲解这个问题前,我们先来区分两个概念,一个是匿名,一个是隐私。隐私是与公共利益、群体利益无关的个人信息,当事人不愿他人知道或他人不便知道。而匿名,是一种不具名或使用化名的行为,目的是不表露自己身份。从概念上讲,匿名是隐私保护的一种重要手段。

众所周知,比特币的白皮书叫作点对点的电子现金系统,"现金"这个词的使用最值得关注。既然被叫作现金,就说明具有一定的匿名性,比特币的核心设计理念就包含了一定程度的匿名性。其实,比特币本身是不匿名的,采用的是假名制。这种假名制在日常生活中非常脆弱,连接交易会降低隐私水平，日常使用都会在互联网上留下痕迹。

对于广义的使用场景来说，区块链主要是利用零知识证明和同态加密等手段，在数据被个人所有的情况下，不暴露隐私，对个人数据进行有效的使用和交换。作为一种分布式记账技术，区块链在诞生之初就考虑了公共数据的管理问题，不进行一定程度的隐私保护，区块链技术是无法获得广泛认可的。从这个意义上来说，区块链技术是可以保护隐私的。

三、比特币匿名保护隐私特性

说到区块链是否保护隐私，先要分析一下区块链的典型应用——比特币。

1. 比特币的匿名性

比特币地址不能对应到真实身份，其生成在本地进行，用户可以用不同的地址来接收一笔收入。比特币交易中包含了时间、输入、输出、金额、签名等要素，但不包括任何个人真实身份信息。即使是新交易，通过比特币网络的辐射式传播，其他节点也无法确定新交易的来源 IP，如此就保证了发送者的 IP 地址不被泄露。

2. 比特币匿名性的弱点

（1）比特币服务商实名认证，记录了用户的身份信息，如邮箱、手机、家庭电话、信用卡、居住地址等，通过这些信息，就能找到提款地址和充值地址。在互联网上，如论坛、微博、微信、脸谱、QQ 群等，只要留下比特币地址，就能对应到用户账号。

（2）交易链透明可查，只要知道一个比特币地址，就能找到一系列相关地址与交易。与实名或其他比特币服务商的实名结合在一起，就能找到用户的转币途径与一系列地址。这是核心问题所在。匿名依赖于交易的无关联性，交易链数据的透明可查，会将所有的交易数据暴露出来。

（3）交易的汇总输入特性，会让交易汇总大部分地址中的币发送出去，如此就暴露用户的其他地址。用户向外发币，只要有多余金额，比特币就会随机生成一个新地址（找零地址），来接收多余金额，交易的找零地址就会被归类到发送者头上。

为了解决上面的这些弱点，可以使用两个方法：

（1）交易链分析。使用比特币公开的区块链数据和交易链数据，以比特币匿名性的弱点来聚类比特币地址，且对应到真实身份或虚拟身份。

（2）比特币协议和网络分析。利用比特币协议和比特币网络的特性来推断新交易的来源 IP 地址。攻击方法有：比特币协议监控、女巫攻击、入口节点判定法和伪比特币节点等。

由此可见，区块链隐私保护目前做的远远不够。

四、提高区块链保护数据隐私匿名的能力

跟某个机构控制系统比起来，区块链确实在保护隐私方面有进步，但还远远不够，需要不断改进。比如，对抗第一类交易链分析，提高窃取隐私成本；对抗第二类比特币协议和网络分析，包括tor网络和远程交易释放(TRR)。从目前市场情况来看，哪个更有竞争力？

对抗交易链分析的方法，其实就是链上做加密。这种方法比较有前景，但目前还面临很多技术上的问题，比如速度太慢、支持的计算类型太小、无法大规模使用。但从长远的角度来看，技术的局限是可以突破的。

五、防范区块链上隐私数据被授权访问后的二次转卖

答案就是，利用零知识证明或同态加密，使数据使用权和所有权分离。

隐私数据的授权访问是为了下一步对数据进行使用，而在未来的区块链世界里，不再需要对隐私数据做授权访问。对于隐私数据的使用，就是计算，都在用户这边进行，数据永远不会暴露出来，对方只拿到计算结果以及对计算结果的密码学证明，保证结果可信，就不会发生隐私数据的泄露。

作为区块链的早期应用，比特币的设计对隐私保护确实没有做到位。之后的门罗，主要采用环签名技术，但是这种签名也有一个缺点，就是环签名中依然需要与其他用户的公钥混合在一起，一旦遭遇恶意用户，就容

易暴露隐私。

六、区块链保护隐私提高作恶成本的方案

之所以要保护隐私，多半都是出于对自己利益的考量，如果作恶成本低，一定会发生隐私泄露事件。区块链既然能保护隐私，制定了什么提高作恶成本的方案？答案之一就是，对抗交易链分析的匿名技术。包括混币、环签名、隐身地址、零知识证明等。

第五章 区块链挖矿原理早知道

内容一：什么是"挖矿"

一、"挖矿"究竟是什么

所谓"挖矿"就是，将一段时间内比特币系统中发生的交易进行确认，并记录在区块链上，形成新的区块，挖矿的人叫作矿工。简单说来，挖矿就是记账的过程，矿工是记账员，区块链就是账本。

比特币系统的记账权利是去中心化的，即每个矿工都有记账的权利，只要成功抢到记账权，矿工就能获得系统新生成的比特币奖励。从这个意义上来说，挖矿就是生产比特币的过程。

中本聪最初设计比特币时规定每生产210000个区块，比特币奖励减半一次，直至比特币不能再被细分，因为比特币的总量是有限的，比特币也被称为数字黄金。比特币生产也俗称挖矿。

二、挖矿必备工具

比特币通过挖矿产生,每10分钟全网矿工一起计算一道算术题,只要先算出答案,就相当于挖到了这个区块,该矿工就能获得系统新生的比特币奖励。

在比特币刚诞生的时候,通过计算机的CPU便可以挖矿,随着挖矿的矿工越来越多,目前用CPU已经不能挖出比特币了,大家开始用矿机挖矿。

挖矿必备工具有:1.挖矿机;2.比特币地址;3.挖矿软件。

目前,比特币网络算力太大,个人购置少量矿机,是很难挖出区块的,很多矿工只能加入矿池一起挖矿;矿场只负责计算,矿池负责信息打包。挖到比特币后,根据矿场的算力占比分配收益,此保证更加稳定的投入产出。

三、矿工是怎么挖矿的

区块链诞生后,矿工不再只是煤矿工人的简称,而是有了一种全新的含义。从事虚拟货币挖矿的人和传统的"矿工"不同,区块链领域的矿工具有更多的科技色彩。矿工的主要工作是交易确认和数据打包。

矿工需要购买一台专用的计算设备,下载挖矿软件。挖矿不需要矿工亲自动手,完全由电脑在执行特定的运算。对于矿工来说,只要保证矿机电力供应和网络连接就可以。

以比特币为例,比特币矿机就是通过运行大量计算,争夺记账权从而获得新生比特币奖励的专业设备。

矿机的构成包括：挖矿芯片、散热片和风扇。只执行单一的计算程序、耗电量较大，挖矿实际是矿工之间算力的比拼，拥有较多算力的矿工，挖到比特币的概率更大。

随着全网算力上涨，用传统的设备挖到比特币的难度越来越大，人们开发出专门用来挖矿的芯片。芯片是矿机最核心的零件，运作过程中会产生大量的热。为了散热降温，比特币矿机一般配有散热片和风扇。

用户在电脑下载比特币挖矿软件，用该软件分配好每台矿机的任务就可开始挖矿。每种币的算法不同，所需要的矿机也各不相同。

四、中本聪与"挖矿"

对于区块链来说，挖矿是必需的吗？为了解答这个问题，我们先来说下究竟什么是"挖矿"？以比特币为例，每产生一笔交易，并不算完成，只有将交易数据写入数据库，才算成立，对方才能真正收到钱。首先，所有的交易数据都会传送到矿工，矿工负责把这些交易写入区块链。

计算哈希的过程叫挖矿，计算哈希的机器就叫矿机，操作矿机的人就叫矿工。根据比特币协议，一个区块的大小最大是1MB，而一笔交易大概是500字节，因此一个区块最多可以包括2000多笔交易。矿工负责把这2000多笔交易打包在一起，组成一个区块，然后计算这个区块的哈希（Hash）。

中本聪故意让添加新区块变得很困难,他的设计是:平均每10分钟,全网才能生成一个新区块,一小时只能生成六个。人为设置了大量的计算及难度系数,需要大量算力才能得到当前区块的有效哈希,进而将新区块添加到区块链。为了让自己第一个添加新区块进入区块链,矿工之间充满了竞争,谁先算出来了,就能享受这个区块的全部收益;而其他矿工只能将那一页抄写一份,贴在自己账本的最后面,然后又开始新的记账过程。周而复始,生生不息,账本一页一页地增加,账本越来越厚。由此看来,挖矿其实是一种安全机制,利用密码学哈希函数和非对称加密,确保区块链网络的挖矿节点在广播区块前投入大量的计算,提高作假和作恶的成本,保证已有数据不可能被篡改,确保全网达成共识。

笔者认为,中本聪设计这种机制的出发点是为了避免系统受到攻击。如果攻击者想用搞乱账本的方式来进行攻击,就需要足够的计算能力。当收益不足以抵消成本时,攻击者就没有了攻击系统的动力。所以对区块链来说,建立挖矿机制还是有必要的,但未来一定会产生更合理高效的解决方案。

内容二：警惕挖矿的骗局

什么是"挖矿"？简而言之就是，你写文章，被阅读、被点赞，就能获得代币（token）奖励。区块链领域交易事务数量中，最大的链之一是斯蒂姆币（Steem）和博客平台 Steemit，很多人都在这个平台上写文章。他们之所以不去体验更好的 Medium 博客写作平台，既是因为这儿区块链信息更聚集，也是因为有代币奖励。

当时，迅雷后来改名为"链克"的项目正火，机器价格被爆炒。其功能点并不是说，带来了多大的用户价值，虽然随着装机量的增多，迅雷网络内容分发网络的效果确实提升了，但价格暴涨，也是因为"挖矿"二字分享了闲置的硬盘空间，可以获得"链克"币的奖励，只要代币进入交易所交易就能变成财富。

这里还有一个小背景：过去因为显卡（GPU）挖矿盛行，导致显卡价值暴涨。之前显卡挖矿在以太坊网络或较新的链上还是可行的，之后随着区块链进入大众视野，就出现了更多的"挖矿"。

一是消费者被忽悠可以"挖矿"，健身房跑步挖矿，骑自行车挖矿，

看视频挖矿，手机挖矿……

二是听到很多人讨论自己的区块链项目时，会一本正经地设计用户挖矿机制。其实，此机制跟挖矿没有任何关系。

就此可见，这些所谓的"挖矿"都是骗局，是将区块链的一个名词套到另一个熟悉的事物上，从而诱发人的贪欲。陷入骗局，原因不外乎两种：要么是无知，要么是贪婪。诉诸恐惧，就会变成抢劫。

内容三：比特币的挖矿机制

比特币的挖矿机制，是一个精妙的"技术+经济"设计，已经广为人知，这里我们再略加讨论。

比特币的挖矿机制一：数字货币的发行机制

挖矿，是比特币的货币发行过程，即打包新区块、通常要求的、加密哈希计算的矿工，获得该新块的奖励。矿工获得的奖励，最早是50个比特币，每四年减半，到25个比特币，再到如今的12.5个比特币。

比特币的机制设计，类似于现实世界中的"黄金"生成机制：黄金的世界储量是固定的，金矿矿工会通过挖矿把新黄金"释放"到人类社会。

比特币的挖矿机制二：比特币区块链的技术运行机制

从广义上说，矿工进行的工作包括三个部分：

1. 交易打包成新块。

2. 进行哈希加密计算。

3. 作为全节点确认新块。

狭义说，只有第二部分是挖矿，因为第一和第三部分需要的计算量相对较小。但是，无论如何，都是一个整体。矿工所做事情本质上，其实就是"运行"比特币区块链网络。

比特币的挖矿机制三：用计算机取代人类来做事

这方面，关键是"算力"。这种分布式算力，最早被称为"去中心化"。但是，从比特币算力集中度的演变看，其实是多中心化，如今的实际运转，少数几大矿池已经掌握了主要算力，比特币挖矿是高度中心化的。

矿工是凭借计算机的计算，也就是"工作"来赢得打包新区块链、获得奖励权利的，这种分布式的共识证明因此也被叫作"工作量证明"。

"工作量"，本意是加密哈希计算，也被发展成一个被概念泛化的词。这里强调的是，人类社会的机制其实就是按成果获得回报。另外，设计比特币挖矿机制时，有个关键公式是难度值调整，不管全网算力如何变化，都要每两周调整一次难度值，确保每个区块的加密哈希计算时间约为十分钟。

内容四：EOS 的超级节点

一、什么是区块链节点

要知道什么是超级节点，首先就要知道什么是节点？区块链网络中的每一个节点，相当于存储所有区块数据的每一台电脑或服务器终端。所有新区块的生产、交易的验证与记账，并将其广播给全网同步，都由节点来完成。

简而言之，节点就是埋头干活的。而且，公有链上的所有节点都要抢着干活，因为只有优先抢到记账权，系统才会生成加密货币给予奖励。

节点，就是我们俗称的矿工。每个矿工的算力不同，决定了分配的记账权不同，收获的奖励自然也就有所区别。区块链网络中的矿工，就像传统银行，要为用户交易提供记账服务，是门赚钱的生意。

二、什么是 EOS 的超级节点

说到 EOS 的超级节点，就要先说说区块链的共识机制。由于所有的公有链都是社区自治，没有中心领导决策，为了维护公有链，多数社区用户必须达成一致。而如何达成，就是共识机制。

通过前面的分析可以知道，区块链第一代共识机制是工作量证明共识机制，俗称挖矿。要想生产出新区块，就要进行成千上万次哈希碰撞的运算。而这些运算，会消耗很多电力，造成能源浪费，也备受诟病。更让大家担心的是，一旦大部分算力被垄断，去中心化就会受到威胁。

第二代共识机制是权益证明共识机制，根据持币数量与时间来决定谁拥有更多的记账权。这种共识机制可以避免能源消耗，但话语权都被持币大户掌控，形成中央集权，与区块链去中心化的初衷背道而驰。

第三代共识机制是EOS采用的DPOS，于2014年4月由比特股（Bitshares）的首席开发者丹尼尔·拉里默（Dan Larimer）提出并应用。其最大特征是，在POS权益证明的基础上，加入了现实世界中议会选举制度。EOS的超级节点，就是从数百个备用节点中，由所有持币用户投票选举诞生最终获得记账权的21个节点。

三、超级节点的特征与优势

超级节点是DPOS共识的具体实践。

首先，由于使用了去中心化的投票机制，DPOS比其他共识算法更加民主化，不易被持币大户垄断话语权。21个超级节点都是通过公平、公正的投票产生，如果21个节点代表无法能履行他们的职责，比如，当轮到他

第五章 区块链挖矿原理早知道

们工作时，没能及时生成区块，就会被除名，再由社区选出新的超级节点。

其次，减少了节点数量，21个超级节点运算的效率更高。最理想的状态，可以实现每秒百万级的TPS，前途不可限量。

另外，21个节点的出块顺序，以及对全网交易的审核顺序，全部由系统随机设定，且随时会变，既实现了有效率的升级，又能防范作弊、避免硬分叉。

最后，超级节点数量可以灵活变通，不是永恒不变。EOS是个社区驱动的项目，当超级节点的数量无法满足项目发展时，社区可以发起投票，增加节点数量。

内容五：辨识伪"挖矿"

所谓的"挖矿"既不是在一条链上增发数字货币，也不是运行区块链网络，而是按照某种规则把已经分配出来的数字货币作为积分、奖励，分配给相应的人。

目前在中国市场上，最受关注的用户挖矿当属与迅雷相关的"链克"，但是这不是区块链"挖矿"，而是充分利用了人的无知与贪婪心理。在这个项目中，货币增发、运行区块链网络都是由中心化的公司做的。

比特币挖矿经历了一个逐渐演化的过程：从CPU到GPU，再到FPGA，最终达到现在的ASIC。而历史上的挖金矿则是，从个人拿着盘子在沙里淘金，到一小群人用流沙槽来淘金，再到一群人用水冲刷金山来淘金，直到现代机械化露天挖矿。

比特币与黄金都以个人操作为主，逐步演变为大公司专业运作。其实，在区块链产业链条里，链圈、币圈、矿圈早已分立，链圈的龙头是公链，币圈的龙头是交易所，矿圈的龙头是矿机公司与矿池，今后它们的分离会

越来越明显。

也许在最早期,玩比特币的极客可以用自己的普通电脑挖矿,但如今任何用户的电脑,更不用说移动设备或物联网设备,能真正挖矿了。

第六章 常见的区块链认识误区

误区一：区块链只跟金钱有关

虽然第一条区块链都被用于支持数字货币的比特币，但区块链技术的应用潜力远超金钱与金融范畴。如今，区块链已经被用于构建智能合约、数字身份解决方案、云存储、投票系统甚至航班安全服务。

人们之所以会觉得区块链只与金钱有关，主要是因为比特币是最受欢迎、最具知名度的区块链应用方案，而且这两个术语总是被联系起来一起使用。其实，区块链与很多因素都有关系，并不仅仅是金钱。

一、区块链和云计算是什么关系

区块链技术和应用的发展，是以云计算、大数据、物联网等新一代信息技术为基础的，同时还能够有力推动新一代信息技术产业的发展。云计算服务具有资源弹性伸缩、快速调整、低成本、高可靠性的特质，能够帮助中小企业快速低成本地进行区块链开发部署。

不同于云计算技术，区块链不仅是一种技术，还是一个包含服务、解

决方案的产业，技术和商业是区块链发展中不可或缺的两个元素。云计算与区块链技术结合，会加速区块链技术的成熟，推动区块链从金融业向更多领域拓展，比如无中心管理、提高可用性、更安全等。

二、区块链对大数据的影响

从移动互联网到大数据、区块链，如今技术变化的潮流势不可挡，致使很多人都一时无法明白和适应。但不可否认的是，区块链正在让大数据汹涌而来；区块链的可信任性、安全性和不可篡改性，让更多的数据被释放出来。区块链对大数据的影响是深远的，主要表现为：

1. 区块链使大数据降低了信用成本

未来的信用资源从何而来？中国迅速发展的互联网金融行业已经告诉我们，信用资源很大程度上来自大数据。通过大数据挖掘，很容易为每个人建立信用资源，但现实却并不乐观。关键问题是，大数据的存在并不是以区块链为基础的，大的互联网公司几乎都是各自垄断，引发了数据孤岛现象。在经济全球化、数据全球化的时代，如果大数据仅被互联网公司掌握，即使建立了全球的市场信用体系，也不能去中心化，而使用区块链技术让数据文件加密，直接在区块链上做交易，交易数据将来就能够完全存储在区块链上，成为个人的信用紫云，如此所有的大数据也会成为每个人产权清晰的信用资源，这也是未来全球信用体系构建的基础。

2. 区块链是构建大数据时代的信任基石

区块链具有去信任化、不可篡改的特性，极大地降低了信用成本，可以轻松地实现大数据的安全存储。将数据放在区块链上，能够解放出更多的数据，使数据真正活跃起来。基于区块链技术的数据库应用平台，不仅可以保障数据的真实、安全和可信，即使数据遭到破坏，也能够通过区块链技术的数据库应用平台在第一时间得到恢复。

3. 区块链是促进大数据价值流通的途径

数据的流通能够让大数据发挥出更大的价值，类似资产交易管理系统的区块链应用，将大数据作为数字资产进行流通，能够让大数据在更加广泛的领域内得到应用及变现，充分发挥出大数据的经济价值。

由此可以发现，只要区块链提供安全保障，大数据将会更加活跃。

误区二：区块链与比特币是一回事

很多人都认为，区块链与比特币是一回事。其实，虽然比特币确实是一种基于区块链技术的数字货币，但二者并不是一回事。

目前，存在的区块链方案有很多，例如以太坊、WaveS 和 RiPPle 等。每种区块链都拥有独特的目标，比特币虽然拥有先发优势，但并不能完全代表区块链，虽然区块链是比特币的实现基础。

一、区块链

通过前面的分析，我们已经知道，所谓区块链是指，通过去中心化和去信任的方式集体维护一个可靠数据库的技术方案。简而言之就是，这是一种全民参与记账的方式。所有的系统背后都有一个数据库，完全可以将数据库看成是一个大账本。由此，谁来记这个账本就变得非常重要了。

目前是谁的系统谁来记账，比如微信的账本由腾讯记、淘宝的账本由阿里记。但在区块链系统中，系统中的每个人都有机会参与记账。在一定时间内，只要出现任何数据变化，系统中的每个人都能进行记账，系统会评判出这段时间内记账最快最好的人，把他记录的内容写到账本上，并将账本内容发给系统内的所有的人进行备份。如此，系统中的每个人就都有了一本完整的账本。

这种方式，就是区块链技术。

二、比特币

比特币是一种 P2P 形式的数字货币。点对点的传输，需要一个去中心化的支付系统作支持。比特币的发行并不依赖特定的货币机构，而是通过特定算法的大量计算产生。P2P 的去中心化特性与算法，让人们无法通过大量制造比特币来人为操控币值，而基于密码学的设计却能让比特币只能被真实的拥有者转移或支付。这样，就确保了货币所有权与流通交易的匿名性。

比特币是一种网络虚拟货币，类似于腾讯公司的 Q 币，使用比特币可以购买一些虚拟物品，比如网络游戏中的衣服、帽子、装备等，只要有人接受，还可以购买现实生活中的物品。

三、区块链与比特币的关系

区块链技术是比特币的底层技术，在早期对这项技术关注的人并不多。但是，如今在没有任何中心化机构运营和管理的情况下，比特币却运行得非常稳定，没出现过任何问题，于是人们发现原来该底层技术有很大的机制，不仅可以用于比特币，还适用于许多领域。于是，人们就将比特币技术抽象提取出来，并给它取了个名字——区块链技术，或分布式账本技术。

从这个角度来说，比特币可以看成是区块链第一个应用，而区块链更类似于TCP、IP等底层技术，今后定然会被扩展到越来越多的行业。

误区三：区块链能够彻底消除欺诈

一、区块链能消除广告欺诈

通常，互联网广告是以流量收费，广告服务商会提供平台的流量数据，广告商就是根据这些流量数据来选择、进而决定如何投放广告的。但是，由于技术或某些人为原因，流量数据的真实性往往会遭到大众质疑。如此，如果通过区块链来投放广告，情况就不同了。

区块链具有信息不可篡改、公开透明等特点，对广告数据诈骗有着较强的针对性：一旦信息通过验证并添加到区块链，就会被永久存储起来，并且无法轻易篡改；平台流量数据会在公开透明的过程中采集，减少了人为作假，保证了数据的真实性。以此为基础，广告商就能根据真实的数据流量来投放广告，将内容推送至目标受众。

在互联网带来红利的背后，数字广告经历着巨大变革，同时也面临着越来越多的广告数据欺诈、不透明等问题，需要找寻解决之道。将区块链

技术应用到数字广告行业中，很可能会为业界带来积极影响，进一步消除数据欺诈和透明度缺失等问题，甚至解决更多的隐患。

二、企业通过区块链打击欺诈行为

区块链之所以会被开发出来，开始的时候主要是为了防止数字货币交易中的欺诈行为。但是，到了2018年许多行业都发现区块链能够为自己的业务提供无尽的保护性甚至破坏性用例，能够改变流程并彻底消除欺诈和"中间人"。下面，让我们来看看企业是如何通过区块链打击欺诈行为的。

1. 用智能合约代替旧学校托管

购买过房子的人，可能都会知道代管和承保过程征税。每隔一天，就要发送证明和更多证据来证明自己的资金来源、发生的方向以及来自哪里。通过区块链，老牌托管和承销可能成为过去；更重要的是，在线购买和出售任何东西都可能成为更大的行业。

使用智能合约（例如以太坊开发的合约），任何卖家都可以通过区块链技术打击欺诈行为。原因就在于，智能合同允许买方和卖方创建"如果/那么"的合同，每个步骤都要满足，直到被验证完成。 例如，如果要在线购买一双鞋子，付款就会被保存在"数字托管"中，直到包裹被标记为"已发货"。这样，买方就不会失去钱了，卖家也不会丢掉报酬。这个概念可以用于任何交换、交易或协议，无论内容大小，双方都可以通过区块链打击欺诈行为，而且还不需要类似托管公司等中介来确保。

2. 更智能、更紧密的供应链

区块链增长最令人兴奋的地方之一就是供应链，在当今的全球经济中，全世界的公司都是制造业、农业、制药业和其他领域的合作伙伴。可是，随着公司的距离不断扩大，在制定最终产品时，确保遵循商定的产品和流程的能力也随之增强。消费者一般都了解这一点。可是，花大价钱购买的放养的鸡蛋，真的来自自由放养的农场吗？网购的金戒指是否真的用24K黄金制成？其实只要验证供应链流程各部分的合法性，就能通过区块链打击欺诈行为，为消费者和公司商提供帮助，根本就不用质疑有机农产品和自由放养的鸡蛋。

3. 促使身份欺诈消失

数据显示，识别欺诈消费者花费高达160亿美元，更不用说许多令人头痛和不眠之夜了。其实，使用区块链，完全可以免除身份欺诈。首先，通过区块链打击欺诈非常容易。因为分类账会不断调整，只有经过双方或用户验证后才能更新。其次，区块链允许许可的网络，能够提升当今数字环境中的游戏场地，并让用户决定他们共享的个人数据和信息、在哪里及与谁共享。比如，脸谱，Alexa和谷歌是无法追踪用户行为、兴趣的，除非用户允许。如此，就能保护消费者，并完全改变大数据游戏。

区块链的优势在于：可以作为你想象的任何互动、交易或合作伙伴关系中的客观、可信的第三方调解人，有助于确保信任和透明度，即使在不信任的人之间也是如此；可以用于版权、离婚调解、网上购物以及任何想到的交易。区块链的潜力刚被发现，欺诈必然会成为过去。当区块链被大

规模运用时，数字市场必然会永远改变每个人，让每个人都受益。

考虑到区块链的本质，任何希望篡改区块链记录内容的人都必须对存储在多台计算机上的记录进行更改，或者调动巨量算力挖掘出更多区块链新分支。人们之所以认为区块链能够消除欺诈，是因为众多支持者一直在大力强调这项技术的不可篡改性，并因此认定其完全安全。但这只是一厢情愿的认识。

误区四：区块链具有成本效益，价格低廉

截至目前，区块链体系要想正常运行，依然需要大量的计算机设备。而在像比特币这样的区块链当中，采矿成本已经相当高，其计算资源需求主要体现在电力、人力以及基础设施等多种成本因素中。因此，比特币采矿活动主要集中在电力成本较低（例如水电站附近）、人力低廉、周边环境较为温和的国家。

要想真正超越加密货币应用实现区块链的其他用例，必须确保其拥有更低廉的实现成本，保证任何人都能执行，保证交易执行成本几乎可以忽略不计。举例来说，学校可以通过区块链保存学生的课业表现。可是，在实现上述目标之前，还无法断言区块链技术就是一种适合每个人的通行性解决方案。

人们之所以会认为区块链具有成本效益且价格低廉，可能是由于比特币或其他数字货币在跨越地理区域进行资金转移时，成本比传统资金转移更低。其实，这也是相对的，绝对成本依然不容忽视。

区块链经济的前景异常壮阔，区块链经济已经处于爆发前夜。金融行业的探索领先一筹，而其他行业的应用正在快速展开。区块链行业应用具有明显的效益优势，比如：优化业务流程、降低运营成本、提升协同效率，这个优势已经在金融服务、物联网、公共服务、社会公益等社会领域逐步体现出来。

一是区块链技术公开、不可篡改，为去中心化的信任机制提供了可能，具备改变金融基础架构的潜力，各类金融资产，比如股权、债券、票据、仓单、基金份额等都能够被整合进区块链账本，成为链上的数字资产，在区块链上进行存储、转移和交易，扩大其在金融领域的应用前景，例如跨境支付、保险理赔、证券交易、票据等。

二是目前的物联网生态体系，主要依赖中心化的网络管理架构，所有的设备都是通过云服务器连接。随着网络规模的不断扩大，中心化云服务器、大型服务器和网络设备的基础设施和维护定然还要占据高昂成本。在去中心化的物联网中，区块链是促进交易处理和协作的框架，网络上的每个设备都能作为一个独立、微型的商业主体来运行。

三是公共服务是促进经济增长和社会进步的因素，公共服务的供给对政治、经济、社会发展过程中的制度、文化、态度、行为等都会产生直接影响。传统的公证依赖政府，可是由于数据维度有限、未建立历史数据信息链，导致政府、学校无法获得完整有效的信息，而利用区块链就能够建立不可篡改的数字化证明。在数字版权、知识产权、证书以及公益领域都可以建立全新的认证机制，改善公共服务领域的管理水平。

四是区块链上存储的数据,可靠且不可篡改,适用于社会公益场景。公益流程中的相关信息,比如捐赠项目、募集明细、资金流向、受助人反馈等,都能够存放在区块链上,能够在满足项目参与者隐私保护及其他相关法律法规要求的前提下,有条件地公开公示,方便公众和社会监督,促进社会公益的健康发展。

误区五：只有大企业能够使用区块链技术

客观地讲，非企业用户或小型公司也可以利用区块链技术。比如，区块链可以支持艺术领域的相关活动，可以引入照片与视频时间戳记录档，可以验证零售业中的各类产品是否符合相关标准要求。

区块链的规模水平异常灵活，能够根据用户需求进行有效适配。因此，个人、团体、企业及非商业用户都可以利用这项技术。人们之所以会认为只有大型企业才能使用区块链基础，可能源自目前众多大型企业对区块链项目的重视与追捧，让人们产生了一种固有印象。

如今，虽说很多人还不懂区块链，但是区块链定然会给很多行业甚至日常生活带来影响。下面就来具体说说，区块链会应用于哪些行业？

1. 汽车行业

日前，汽车行业的大佬们已联手创建了MOBI联盟。这个联盟，包括赞助商、合作商、各种机构。他们都有各自的区块链技术人员，大家一起研究汽车行业和区块链，力求把两者结合起来，整合汽车行业。

如今买车考虑的因素主要有：驾驶证、全款还是分期、保险、车船使用税、所有权法律注册等。这些因素在汽车行业，整合度很差，很多问题都困扰着人们。可是，将汽车行业和区块链结合在一起，就能轻松改善这类问题。

区块链可以给汽车行业带来很多价值，不管是制造商、车主还是其他合作商，都可以带来利益。比如：制造商使用区块链技术，在制造汽车时，将各零件的使用都记录下来，车主就可以全面了解车子的具体零件，以及哪些零件参与了制造。制造商还可以通过区块链技术记录注册车辆，跟踪车辆所有权，即使车辆被盗，也能够找到。对于车子的保养、维修，将来也会更加简单。通过区块链技术，保养人员可以查到车辆的保修记录，能避免山寨零配件的发生。至于各项费用，完全可以数据化，直接通过数字钱包支付即可。保险公司为了避免虚假索赔，还可以通过位置跟踪服务，查出汽车的使用记录……

2. 艺术品投资

将区块链技术跟传统艺术品进行结合，就能建立起新的交易平台。既能投资，又能了解艺术品的来源，还能够通过平台解决艺术品的估价和交易。在新的交易平台上，艺术品能够直接在线交易，减少了人们的顾虑，会吸引更多的人来投资艺术品。即使平台上的用户丢失了密钥，也不用担心，因为系统可以自动回复交易数据。所有的交易活动都有数字证书，而且还是独一无二的。

3. 影视娱乐

娱乐圈很多导演手里都有好剧本，但是没人投资。运用区块链，编剧就能将作品发布到链上，吸引更多的人参与了解，如此也就不用担心投资了。区块链技术可以将编剧、导演、出品人、制片人等的想法和群众连在一起，不仅能提高关注度，还能节省宣传成本。此外，区块链还能保护作品，避免盗版的发生；还可以准确投放广告，建立稳定的生态，保证大家的利益最大化。

4. 传统金融

传统的金融市场，主要包括标准的金融市场和非标准的金融市场（汇票、信用证等）；而传统金融的主要工作就是将非标转为标准市场。传统金融的主要问题在于：场外交易的支付清算体系不完善，尤其是跨境支付最为明显。运用区块链，就能解决这个问题。区块链既是一个信息登记系统，也是一个支付系统，在传统金融中，可以为很多工作服务，从这一点来看，区块链天生就能为传统金融服务。

5. 金融资产

区块链本来就是一个账本，个人交换资产价值时，必须用到这个账本。不过，这个账本最大的价值还是里面的信息。所以要想了解自己想了解的一切信息，就要使用区块链。区块链不管是记录信息，还是社会上的资产所有权，价值都很高。当然，将区块链和金融资产连接在一起后，还要管理资产的全生命周期，每一步，都有详细规划。既可以轻松查找自己的资产，还可以将跟资产有关的信息放到区块链上。

6. 游戏行业

目前对于游戏行业来说，最头疼的就是自己的信息被篡改、各种平台注册流畅度不统一、游戏太单一等。可是，有了区块链，就不需担心这些问题了。区块链最主要的特点，就是不可篡改、中心化，只要将游戏和区块链结合起来，这些问题就可以轻松避免。

通过区块链，游戏会变得更真实。玩家可以有更多的选择，可以玩任何游戏，注册也不复杂，只要一个标识码，就能轻松完成各种注册；开发者可以开发自己的 DAPP，跟平台上的玩家共享，交易安全，门槛低；而投资者却可以为各个角色带来一定的收益。

误区六：智能合约等于法律合约

智能合约会在满足特定条件时执行某些操作，与物联网相结合后，智能合约能够带来更大的实践价值。

智能合约本身并不存在法律价值，但可以利用智能合约来证明某种条件得到合法满足。

智能合约本身并不具备法律约束力，应该将其看作是一种工具，而非真正的合约。

对智能合约法律权重的认知误区，主要来自其使用了"合约"字眼，但是，此合约非彼合约。

一、智能合约的诞生

2014年12月比特币核心的开发者彼得·托德（Peter Todd）在其推特上写到："对智能合约讨论的结论是：没人知道它究竟是什么，除非有神谕来告知我们。"如今，智能合约的法律性质依旧是一团迷雾。被称作区块链 2.0 的智能合约,其实只比 1.0 的比特币的提出早了 20 年。

20 世纪 80 年代,计算机科学和法律学者尼克·萨博(Nick Szabo)设想出了这一概念,但技术发展没能落地,他提出:"智能合约是一系列以数字形式指定的承诺,包括各方履行这些承诺的协议。"这一概念听来有点晦涩,可以通过场景化说明。以自动售货机为例,用户主要提供一定的输入值(1.5 元)时,机器就会进行物理设定,自动售货机会直接将产品交给用户。萨博认为,可以用计算机代码代替机械设备来完成更为复杂的交易。也就是说,理想的智能合约是一种去三方的、具有自动执行功能的基于数字程序。

如今,随着区块链技术的诞生,萨博的设想有了现实可行的路径。合约的执行需要法定强制性的背书提供信任,基于区块链的智能合约就提供了这样一个解决信任问题的机制。

二、智能合约不等于法律合约

智能合约的特性来源于区块链技术的创新。首先,智能合约采用代码语言,其次区块链技术能自动完成执行功能。由于区块链交易是可编程和自我执行的,各方都能使用智能合约来设计自动执行的合同关系,不用花费额外的监控或执行成本。只要代码中描述的某些条件得到满足,就会自动触发代码中定义的特定操作。问题在于,这种代码合约可能面临名不副实的法律处境。

一份现实签订的合约,双方都具有法定背书,可以获得基于合约关系的一系列保障。而智能合约的去中心化思路以及代码的不可撤销性,包含着事后保障的缺失。如果能在法律上获得承认,多半都能进一步推动智能合约的广泛应用。

总之,智能合约虽然被称为"合约",但要想嵌入合同法的框架,目前看来也不容易。

三、"智能合约"不能取代法律概念上的"合约"和"公证"

"合约"的使用广泛渗透在人类活动的各个层面,双方只要达成一致意见,就能立刻成立,"合约"具备最大的灵活性,方便应用在各个场景。

"智能合约"是以程序为基础的虚拟世界当中的特有产物,在特定应用环境内反映了某种合约关系的程序,适用于特定场景,功能比较单一,执行较为简单,适用于在稳定的环境中进行大量重复性运作的应用场景。

"智能合约"相对于"合约",跟"机器人"相对于"人类"类似,前者缺乏灵活性,但在稳定环境、单一功能、大量重复性运作的应用场景中,却能发挥出巨大的威力。

如今,区块链应用还处于发展的初级阶段,"智能合约"对人类社会的影响还微乎其微。即使将来得到普及,"智能合约"仍然只能局部替代"合约",并不是所有的人类活动都能够通过编程来实现。

需要注意的是,"智能合约"所调节的不一定是人与人之间的关系,也可能是物与物之间的关系,机器与机器之间的关系。"智能合约"在虚拟世界中,"合约"在人类世界中,发挥着各自的作用。

误区七：越炒作，区块链发展越火爆

数据显示，截至 2016 年 11 月的 9 个月中，各大企业共向区块链技术投入了近 14 亿美元。目前，各公司都在推行边缘实验项目，人们也正逐渐由对区块链的恐惧转向理解。区块链的普及之路已经步入后半程，认为区块链是炒作或"昙花一现"显然有失公允。区块链技术正在发展，全部潜力还没有发挥出来，人们正在不懈努力。

人们之所以将区块链视为炒作产物的理由是：因为从远古时代起，新兴技术的出现就曾多次令人充满希望而又经历失望。太空时代、核时代以及网络时代都曾出现泡沫，人们自然会以更为谨慎的态度看待区块链革命。

一、究竟是谁在操纵区块链的爆火

前几年"币圈"被炒作得一塌糊涂，经过时间的沉淀和行业的变迁，如今区块链却成了新的炒作热点。一方面有国际比特币和区块链猫的先例

作为价格支撑，一方面采用区块链的公司又能加上高新技术概念股炒作，在中国"资产荒"的大背景下，区块链概念股自然也就具备良好的炒作意义。

同时，国际化的区块链应用领域不断受各大投资理念的影响，越来越多的企业和集团开始布局区块链行业。徐小平曾说："区块链革命已经到来，这是一场顺之者昌、逆之者亡的伟大技术革命。对传统的颠覆，将比互联网、移动互联网来得更加迅猛、彻底。"

二、过度炒作的区块链切勿盲从

1. 区块链是个中游技术，无法监管

在区块链热潮中，很多企业变得更加疯狂，有些企业甚至倾尽全力。这是一种"急于求成"的做法，虽然过程看起来有些迫切，但都是对区块链的一种看好与认可。可是，不当的言论以及作为，却或多或少地助长了区块链的炒作趋势，致使区块链成了全世界最为爆火的"投资产品"。中国的资产荒大环境以及众多老板的默许和认可，推动了整个行业的高速发展，导致跟随的散户越来越多，但是，真正了解区块链价值的人却不多，多数人都在盲目跟风，都想在区块链市场中分一杯羹。

2. 全民区块链，入圈需谨慎

区块链仅是一种技术，是产业中游的东西，并不是一个终端。虽然国际上像微软这样的巨头企业都在布局区块链，但区块链仍然面临着几个核

心难题；区块链目前虽然非常火热，但最终如何落地并被市场接受却需要长时间的发展和沉淀，短时间内并不能实现；其次，区块链的价值在于金融、财政等众多领域拥有信用等价值，这些领域的大批量使用、普及仍然需要很多时间。

区块链技术作为一种技术存在，虽然可以进行长期投资，但不能凭借短期炒作。如今已经出现了过度概念化及过度包装的情况，这种情况的存在不会受到使用者和持有者的信任。而区块链又不同于比特币，后者拥有明确的"交易场所"，而前者却仅仅是一项技术，运营或监管都非常难。因此，不要盲目跟风迷信。

要想让区块链离真正产生价值，还需要很长一段时间的发展，现阶段的过度炒作已经过度放大了区块链的作用，最终是站不住脚的。

第七章 区块链的多方应用

应用一：最可行的应用——公证类

一、区块链公证

传统的证书是怎么发的？这里，我们不多讲述。学历造假太常见了，买颗钻石也能遇到假的。在知乎上搜索一个问题：钻石上的镭射码和GIA证书可能造假吗？珠宝鉴定师多半都会用亲身经历告诉你：太可能了！

要想解决这种问题，区块链再适合不过了。目前，麻省理工媒体实验室已经开发了一种软件工具，可以创建一些包含基本信息的数字文件（证书），然后使用自己的私钥对证书的内容进行签名，再对证书本身附加签名。接着，创建一个哈希（短字符串），用来验证有没有人篡改证书内容；最后，再用私钥在比特币的区块链上创建一个记录。如果不懂原理，到时只要一键式地进行操作就可以了，实现起来也比较容易。当然，区块链还具有公开透明的特性，也可能随之产生一些隐私问题，这也是麻省理工学院媒体实验室正在探讨解决的问题。

还有一个专门搞钻石认证的区块链项目，名字叫Everledger。据其官网的数据显示，Everledger在区块链上已经记录了575774颗钻石。通过EriS Stack平台，Everledger将自己的私链和比特币的公链结合起来，组建了一种混合模式，既可以享受到公链带来的安全性，也可以实现私链的复杂性和智能合约。

还有做类似应用项目的（美国公司公证通Factom），它在比特币区块链的基础上设计了一个软件，可以帮助公司/政府部门更方便、安全地保存敏感数据，比如，洪都拉斯政府的土地登记项目就使用了公证通提供的技术；而且公证通提供的资料也是最多的，如果要学习，公证通确实是个不错的切入点。

二、公证场景描述

所谓公证就是，公证机构根据自然人、法人或其他组织的申请，依照法定程序对民事法律行为、有法律意义的事实和文书的真实性、合法性予以证明。传统公证手续繁琐、处理低效，运用区块链进行第三方记录，有助于维护安全存管、基于时间戳记录的区块链账本，还可以提高数据证明过程的透明度，明确权属，节省成本，提高效率。

区块链在公证领域的应用实现的最重要价值是，证明任何文件的存在、完整性和所有权，即存在性证明、完整性证明和所有权证明。基于这一价值，笔者认为，区块链在公证领域应用存在以下应用场景：

1. 证书区块链公证

以学历证书为例，在应聘、考评等情况下，需对学历或所持毕业证书（学位证书）的真实性、合法性予以证明，尤其是涉外学历证书，对证书公证的需求更为频繁。除此以外，房产证、结婚证、驾驶证等各种证书也存在公证的需求。可是，目前证书公证存在低效、程序繁琐等问题，带来诸多不便。使用区块链，完全可以解决这个问题。

2. 法律证据区块链公证

对于经济体来说，每一份合同都可能成为日后的重要证据，对合同进行公证有利于其法律权益的伸张。对于个人而言，取得关键法律证据的公证是保护自身合法权益的关键，例如，遗嘱公证以及语音、邮件、微信、微博等各种类型的法律证据，都是法律申诉的有力证据。律师是专业法律咨询服务提供者，单位时间的效率十分重要，但"取证"会占用大量的时间，而区块链是一种便利、简单的取证工具，有利于个体合法权益的保护，还能提升工作效率。

3. 医疗病例信息区块链公证

电子病历是医院信息化建设的核心工作，已经被大部分医院所采用。但随着而来的，电子病历信息的法律效力问题也引发了人们的关注。在大部分医疗纠纷案件中，病历法律效力的认证是司法机关不可回避的工作难点。按照民事诉讼法证据规则的相关规定，病历要想作为证据材料应当具备证据"三性"，即真实性、合法性、关联性，其中病历的真实性承受的质疑最多。使用区块链技术，就能解决这个问题。

4. 电子政务数据区块链公证

电子政务数据有着极强的严肃性，对于数据的准确性和完整性要求较高，因为关系到政府机关的公信力。仅依靠电子政务平台本身来解决信任问题，很可能影响政府权威与公信力。因此，也可以将区块链利用起来。

5. 数字作品区块链公证

网络媒体监管不力，会出现很多的网络侵权现象，其中著作权的侵权尤为严重。无法解决侵权问题，让知识产权成为网络的重灾区。著作权人的作品内容和发布时间无法认定，自主发起的维权也会因证据无法得到法律认定而倍显艰难。区块链，能够很好地解决这个问题。

三、区块链公证解决方案

区块链技术几乎可以对任何文件公证，包括文档、网页、微信、微博、邮件、合同、证书，涉及各行各业；可以对包括 Word、PPT、TXT、PDF、JPG、PNG 等任何格式类型的文件进行公证。但这些纸质文件或图片记录很可能由于 IT 系统本身遭受攻击而丢失，针对这一点，区块链可以提供完整的解决方案。

将文件生成唯一的数值散列值记录到区块链上，给记录文件打上进入公证系统的时间戳，区块一旦生成，记录的文件信息就会永远无法篡改，对于何时、何人、登记的文件内容都具备完全的唯一性和可追溯性。而且，区块链具有广泛分布的特性，不管遇到任何灾难，只要有 1 个以上节点依然在工作，认证的数据信息就能完整保全下来。

四、区块链公证价值体现

实时对文件进行安全处理，产生时间、文件内容的哈希值和存储人一一对应，就能达到证明文件存在性、完整性和所有权的目的。通过对存储内容申请公证，就能对抗侵权人的恶意行为。区块链的即时性公证，解决了证据固化和保存流程繁琐、花费时间长等问题，提高了公证效率。区块链可以保证电子数据和信息的完整、真实和安全性，为法律机关提供有据可依的证件。通过电子签名、私钥、公钥等方式杜绝隐私等敏感信息外泄。

目前我国公证发展呈现以下新趋势：公证服务由线下逐步扩展至线下线上共同开展；由以往被动的保全证据公证变为主动保管证据，公证职能向前延伸，真正体现公证预防性价值；由公证机构单一的执业方式扩展为通过公证信息化执业平台开展执业活动；由传统的公证机构独立执业，发展为公证机构与掌握信息技术的公司、科研院所合作，依托外脑支持开展知识产权公证。基于这种趋势，笔者认为，区块链运用于公证领域，必然会大有可为。

应用二：竞争最激烈的应用——证券市场

一、区块链的证券市场运用

证券交易市场也是区块链非常适合的应用领域，两者之间的契合度非常高。传统的证券交易，需要经过中央结算机构、银行、证券公司和交易所四大机构的协调工作，才能完成股票交易，效率很低，但成本却很高，而区块链系统就可以独立地完成一条龙式服务。

做这方面应用的公司也很多，包括世界前四大交易所中的两家，纳斯达克-OMX 和伦敦证券交易所，都已在探索这方面的应用。而世界排名第一的纽约证券交易所（NYSE），也参与了比特币公司（Coinbase）的 7500 万美元 C 轮融资，研究区块链项目的可能性比较大。

如果说最早公布要做区块链证券项目的公司，大概要属电商 OverStock 了。当时，这家公司和 Counter Party 进行合作，开发了一个项目，名为美第奇（Medici）。美第奇家族主要从事金融业务，在13世纪至17世纪在欧洲拥有强大的势力，是个名门望族，后来双方不知因为什么原因，不欢而散。之后，Counter Party 与 Math Money f(x) 公司合并开办了 SymbiOnt.iO，专攻证券市场。

OverStock 很快也发起了攻势，向证券交易委员会（SEC）提交了一份招股说明书，表示可能发行高达5亿美元的股票或其他证券，这种新型股票使用的技术类似于支撑比特币的技术。2015年6月，OverStock 采用彩色币的形式发行了一种"数字企业债券"。这是一种基于比特币区块链的加密货币证券，债券的总价值为2500万美元，属于美第奇项目的一部分。这种加密证券（股票），搭载 OverStock 的 T.Com 平台发行。8月 OverStock 在纳斯达克的活动上，正式推出了区块链交易平台项目 t，项目域名为——t0.Com。

这一推出，深深刺激到了纳斯达克，这时，创业公司 SymbiOnt 也在研究类似系统，希望能为纳斯达克提供技术支持。2017年10月，纳斯达克打算推出基于区块链技术建立的新平台 Linq，结果没有和 SymbiOnt 合作，而是选择了另一家区块链创业公司——Chain。

纳斯达克公布了区块链平台 Linq 以后，欧派证券市场的机构就坐不住了，很快伦敦证券交易所、伦敦清算所、法国兴业银行、瑞银集团和欧洲清算中心等机构就联合成立了区块链集团，用来探索区块链技术如何改变证券交易的清算和结算方式。

之后，跨国银行控股公司集团高盛也加入了这场战争，向美国专利商标局官网提交了一份专利申请,一种为证券结算而设计的加密货币——SETLCoin。

区块链在证券市场的潜力,已经引起了各大证券交易所的重视,相信不久之后,将会有一场惊心动魄的厮杀。

值得注意的是,在这些项目中,可能仅有数字企业债券是以彩色币的方式锚定在比特币的区块链上,因此从安全角度来看,数字企业债券是目前最高的。那么,为什么其他项目都宁可自己创建一个区块链,也不选择现成的比特币区块链呢?原因在于,比特币区块链存在一定的抗审查性,与法律权威性之间存在不可调和的矛盾。因此,这些没有使用比特币区块链的项目,首要解决的是区块链的安全性问题;而采用彩色币方案的项目,考虑更多的是合规性问题。

二、证券市场和区块链的完美切合

区块链技术在证券市场中的应用存在巨大潜力,证券市场的各个领域,包括证券的发行与交易、清算结算、股东投票等,都可以实现与区块链技术的无缝对接,带来一系列潜在优势,比如提高效率、缩短处理时间、加大透明度、降低成本和确保安全。因此,证券市场是区块链天然适合的应用领域,两者的契合度非常高。

1. 证券交易的前台系统承担着撮合交易的功能,后台系统负责交易的清算与交收,两个系统流程和环节较多,使得各交易所处理交易的时间与资金成本过高；同时，不能在交易当日完成实时结算，给资本带来了潜在风险。而区块链能够简化、自动化冗长的交易流程，实现证券发行人与投资者的直接交易，减少了前台和后台交互，大大节省了人力和物力。

2. 传统证券市场以交易所为中心，交易所的交易系统保证全部交易的正常进行，一旦交易系统遭到攻击或出现故障，就可能导致整体网络瘫痪，使交易暂停。区块链技术利用多个分布式节点和高性能服务器来支撑点对点网络，整体运作不会因部分节点遭受攻击或出现问题而受影响。

3. 全部资产及证券交易都能以代码或分类账的形式体现，通过对区块链上的数据处理程序进行设置，证券交易就能自动在区块链上实现，交易所的自动化水平也会大大提高。比如，智能合约可以把一组证券交易合同条款写入协议，保证合约的自动执行和违约偿付。

4. 区块链技术可以确保交易信息的机密性和安全性。外界对于比特币、数字货币和区块链的讨论，始终都离不开"安全"二字。区块链技术采用了全新的加密认证技术和共识机制，使区块链有着天然的高机密性和高安全性。

应用三:最具颠覆意义的应用——支付系统

在很多人眼中,用区块链做应用,应该很难且阻力很大,货币可不是闹着玩的。按照寻常的思维来看,比特币早就应该被乱棍打死了,但事实上,比特币从 2009 年运行到现在,依旧活跃在市场上。

更让人感到奇怪的是,过去对区块链不屑一顾的银行如今也开始争相研究起了区块链。由 30 家世界顶级商业银行结成的 R3 区块链联盟,就是这样一个例子。当然,银行选择公链的可能性依然很小,而私链的意义,也只是给银行的跑车增加了一个备胎,其本质终究还是一辆车子。

那么,电子现金系统能够取代银行吗?对于这种颠覆性想法,其可能性我们无法做出评论,但很多银行已经意识到了危机,或许私链就是其筑起的防御城墙。因此,笔者认为,电子现金系统会是区块链最具颠覆性的应用。此外,很多应用是与电子现金系统息息相关的,而这些应用能否成功,在一定程度上也将取决于电子现金系统的表现。

支付的真正意义在于让货币得以流通,如果信用是货币的内涵,那支

第七章 区块链的多方应用

付就是货币的外延。资料显示,现代支付系统自 16 世纪以来就没有发生过本质改变,一旦完成一项支付,付款者的账户金额就会减少,同时收款者的账户就会相应增加同样的金额。

在这个支付系统中,有一个值得信赖的中央权威机构充当清算行(通常为央行),对交易进行记录和结算;同时,大型金融机构在央行持有账户,还会对金融机构间的交易进行记录。个人消费者或小银行在这些大型金融机构中持有账户,之间的交易就会被这些账户记录。尽管期间也发生过多次革新,但主要体现在账户的记录方式和不同银行间的转账技术,其基本运作机理并没有发生根本改变。

区块链技术则去除了对中央权威机构的依赖。区块链技术是以点对点的方式来处理交易的,分布式的结构使其不需要第三方机构来对交易进行记录和结算。因此,建立在区块链基础上的支付系统有着"去中介化"的特征,如此就改变了现有以集中清算为特征的支付系统。

借助数字货币的特性,每次交易都会直接附带相应金额的数字货币,通过智能合约等区块链编程技术,在节点确认交易的同时就能更改数字货币的归属方,从而实现交易与清算的同步。这种方式从根本上颠覆了当前的支付清算系统。

首先,对账系统和清算人员变得可有可无,因为资金已经在交易中实时转移了;其次,交易接口变得更加丰富灵活,且随着商业的需要可以任性开放合作,只需合理配置,就能轻松用微信余额在天猫上购物。还有,监管和第三方评测也变得极其容易,因为每笔交易和资金都可以对应进行追溯，所有在结算环节逃避监管的猫腻都不复存在，例如，当前国家严厉查处的黄赌毒就不能公然在网上交易。

目前，区块链在支付领域的运用是其进展最快的。区块链技术能够避开繁杂的系统，在付款人和收款人之间创造出更直接的付款流程，不管是境内转账还是跨境转账，这种方式都有着低价、迅速的特点，而且还不用花费中间手续费。

区块链技术初级应用体现在跨境支付的分布式账本中，如今的跨境支付网络是分散和孤立的，成本缺乏竞争性，结算时间长，用户体验糟糕。以区块链为底层技术的数字货币可能会颠覆现在的支付体系，例如提供信用卡、借记卡和支付服务等商业模式。不过值得注意的是，跟现有的批发支付系统比起来，使用分布式账本技术的批发支付系统的成本与风险都更高。

笔者认为，比特币和区块链从来都不是为了解决付款问题而设计的，它们起不到任何作用，区块链的安全性依赖于拥有多个分类账。区块链每秒只能管理 7～14 个交易，设计假设时，提高改变区块过程的难度，增加区块链或分类账副本的数量，区块链就不容易被黑客攻击；然而随着运行区块成本的上升，矿工的人数就会越来越少，这种设计假设就会成为一种安全漏洞。

目前，区块链行业鱼龙混杂，但腾讯、阿里和百度等互联网巨头已经纷纷布局区块链，而斥 30 亿元巨资收购了联动优势的 A 股上市公司海联金汇也已经在区块链上做了大量工作，俨然已经成为区块链概念股。未来，区块链很可能会颠覆现有的支付体系。

应用四：区块链技术在安全行业的应用

从改善数据完整性和数字身份，到防护 IOT 设备安全、防止 DDOS 攻击，区块链的应用潜力确实巨大。其实，区块链在机密性、完整性和可用性等方面都能有所作为，能够提高系统弹性，改善加密和审计，提高透明度。

应用区块链，就可以合理验证并签署交易。虽然在加密货币问题上还有炒作的嫌疑，但区块链方法的实现确实能为数字服务打造更加可信的基础设施。其中，最佳应用就是公共事业部的转型和创建以市民为中心的基础设施。这将使市民能够拥有自己的身份，每笔交易都能得到验证。可以使用智慧合约和经签名的断言来制定公共服务的要素，比如待遇给付等。

下面，我们就列出几种现实世界中区块链在安全方面的应用：

一、以身份验证保护边界设备安全

正如 IT 关注数据和连接向"智慧"边界设备的迁移，安全同样关心

这种转变。毕竟，网络的扩展可能会提升 IT 效率、生产力，并降低耗电量，但也会给 CISO、CIO 和整个公司带来安全挑战。因为区块链技术可以增强身份验证，改善数据溯源和流动性，并辅助记录管理，因此很多公司开始应用区块链来保护 IOT 及工业 IOT（IIOT）设备安全。

比如，2017 年 XageSecurity 公司就宣称，其"篡改验证"区块链技术平台可以在设备网络中批量分发隐私数据并进行身份验证。该公司支持任意通信协议，适应不规则连接的边界设备，可以防护大量异构工业系统。同时，还与 ABB WirelesS 合作，共建了要求分布式安全的能源与自动化项目；与戴尔携手，在 Dell IOT GatewayS 及其 EdgeX 平台上为能源行业交付安全服务。

再如，英属马恩岛政府采取了不同路线测试区块链技术，验证其能否防止 IOT 设备被黑，为去中心化的迭代和交换提供了安全基础。

二、提升机密性和数据完整性

虽然区块链创建初期没有特定的访问控制机制（源于其公开分发的属性），但如今有些区块链却在解决数据机密性和访问控制问题。在数据容易被篡改或伪造的时代，确保数据机密性和完整性问题也就成了各企业面对的巨大挑战。区块链数据的完全加密特质，确保了这些数据不会被非授权方染指，但依然具有流动性。

这种数据完整性还被扩展到了 IOT 和 IIOT。比如，IBM 在其 WatSOn

IOT 平台上提供了以私有链账本管理 IOT 数据的选项，该功能已集成到 IBM 云服务中。再如，爱立信的区块链数据完整性服务，可以为在通用电气 Predix PaaS 平台上工作的 APP 开发人员提供可审计、符合规定、可信的数据。

三、保护隐私消息

如今，很多初创公司正用区块链保护即时聊天工具和社交媒体上流转的隐私信息。不同于 WhatSAPP 和 iMeSSage 等 APP 所用端到端加密，ObSidian 使用区块链来保护用户的元数据。因为元数据是账本中随机分发，不存在单一的收集点，所以不会被黑。另外，美国国防部高级研究计划局（DARPA）也在尝试利用区块链创建外来攻击无法渗透的安全消息服务。我们相信，随着区块链植根于经验证的安全通信，隐私消息安全领域必然会愈加成熟。

四、提升甚至替代 PKI

公钥基础设施（PKI）是保护电子邮件、消息应用、网站和其他通信形式的公钥加密体制。然而，多数 PKI 的实现还要依赖中心化的第三方证书颁发机构（CA）来颁发、撤销和存储密钥，这样就就给网络罪犯留下了窥探加密通信和假冒身份的机会。而在区块链上发布密钥，在理论上确实能杜绝虚假密钥传播，还可以让应用具备验证通信对象

身份的功能。

CertCoin 是首个基于区块链的 PKI 实现。该项目整体摒弃了中心证书颁发机构，使用区块链作为域名及其公钥的分发账本。另外，还提供不带单点故障的、可审计的公开 PKI。有的初创公司还基于区块链，为每个设备赋予了独有的 SSL 证书，杜绝了入侵者伪造证书的可能性。有的公司甚至还公布了基于区块链的 PKI 蓝图。

目前，虽然能够依赖 PKI 创建信任基础设施，但依然存在一定的漏洞，尤其是在网络罪犯也在创建数字证书的情况下。使用区块链技术，就可以用公民生成的身份来签名交易了。

五、更安全的 DNS

事实证明，网络罪犯可以容易地破坏关键互联网基础设施。攻击者只要搞定大型网站的域名系统（DNS）服务提供商，就可以切断推特、Netflix、PayPal 和其他服务的网络访问。而如果用区块链来存储 DNS 记录，理论上就可以去除攻击的单一目标，提升 DNS 的安全。

NebuliS 是一个探索分布式 DNS 概念的新项目。从理论上来说，分布式 DNS 可以应付访问请求洪水，不会因响应过载而宕机。DNS 等互联网关键服务可能被黑客利用，制造大规模掉线和攻击公司企业，使用区块链的可信 DNS 基础设施，就能大幅增强该互联网的核心信任基础设施。

六、减少 DDOS 攻击

区块链初创公司 GladiuS 宣称，其去中心化账本系统有助于抵御 DDOS（分布式拒绝服务）攻击。如今，DDOS 攻击峰值已经已超 100GbPS，这一断言必然会引起很多人的关注。该公司的去中心化解决方案，客户主要接入附近防护资源池，就能为他们提供更好的保护并加速客户内容，从而抵御 DDOS 攻击。

而且，有趣的是，该去中心化的网络还能让用户出租空闲带宽赚点小钱，而多余的带宽就被分配给了遭到 DDOS 攻击的网站节点。如果时间不忙（没有 DDOS 攻击时），GladiuS 网络会扮演内容交付网络的角色，加速互联网访问。

从上面可以看到，区块链技术在完全行业的应用是非常广泛的，可是区块链也不是什么万灵药，从技术复杂度和系统数量到其实现，区块链都不能保证 100% 安全。交易速率上的限制，以及关于信息是否应保存在区块链中的争论，都是该技术在安全应用方面应该考虑的问题。

应用五：区块链的为打车市场再添新力

2018年5月，快的创始人、泛城投资创始人与原美团联合创始人、天际线创投创始人共同推出了区块链打车平台——"打车链"，主要为用户提供快车和出租车两种服务，与滴滴拉开了价格战，双方竞争激烈。滴滴深挖技术，探索可用的落地场景，积极布局区块链，专注于底层架构研究方向。

借鉴国外出行领域对区块链技术的应用，并结合滴滴出行的情况，我们可以断定，打车市场入局区块链，未来可能会在以下三个方面运用到区块链技术：

1. 去平台"中心化"，升级用户体验

区块链技术拥有去中心化、去中介化、共同记账等特点。在未来，打车平台完全可以建造一个行业内私链，让司机将自己的身份、位置、价格、评价等信息，添加到相应的文件夹，然后上传到区块链。如果乘客想要打车，就能根据司机上传的信息进行筛选，找到与自己需求匹配的司机进行消费，

实现"点对点"的服务。完成消费行为后，乘客可以上传对司机的服务评价，促使司机树立良好的服务意识。届时，某个打车平台不再享有定价权，去除了平台中心对价格的垄断。同时，司机服务质量也会大幅提高，用户体验自然也能上升。

2. 利用区块链技术，优化自动驾驶

将区块链技术运用到自动驾驶领域，就能利用区块链和分布式账本收集无人车信息，这些信息包括天气状况、道路信息、交通模式等，从而提高无人驾驶技术的安全、高效和便利性。举个最简单的例子，当一辆无人车行驶在交通拥堵的道路上时，区块链会记录下拥堵路段、时段、时长，从而避免下次在同一时间段驶上同一条道路。同时，通过物联网技术，车队的其他车辆就能共享这些信息，提高无人车队的工作效率。

3. 布局区块链，杀入共享单车领域

共享单车是打车市场的痛。很多打车平台亲自下线操作共享单车，上线自己的单车品牌，但在共享单车领域屡屡受挫。其实，如今共享单车市场已经饱和，错过了最佳入场时机，杀入成功概率自然就不大了。但是，打车平台也可以利用区块链技术降低智能锁成本，同时利用分布式记账记录用户乱停乱放行为，从侧面维护单车的使用，进而降低高昂的运营成本。

应用六：区块链与泛金融也能擦出火花

当金融从一个行业变成一种生态时，"泛金融"时代也悄然来临。

随着经济的发展和市场的扩大，人们对金融服务的需求也越来越多。除了传统的金融行业，泛金融行业范围更广，不仅包括传统金融，还包括与之密切相关、紧密相连的行业，如资产管理公司、投资咨询公司以及会计师事务所等。说的直白点，就是与传统金融相辅相成的配套主体。总体来说，泛金融行业包括银行、保险、证券、股票、基金、资产管理、期货、信托、交易所、支付、小额信贷、消费金融、互联网金融等行业。

金融的本质是信用，因为只有用信用做保证，才能在不同的时间、地点、参与者之间进行资金的流通和配置。因此，金融业存在很多这样的中介机构，包括银行、第三方支付、资产管理机构等。但是，这种中心化的模式存在很多问题，比如：各中心之间的互通成本高，沟通费时费力，运作效率低，中心化节点容易找到攻击和篡改，数据不安全等。运用区块链，泛金融又能擦出怎样的火花呢？

一、泛金融领域的发展趋势

随着中国经济的转型升级，中国金融发展也会进入一个新的阶段。该阶段主要有以下几个特点：

1. 金融服务实体经济，利润趋于合理

如今，银行发行货币的速度逐渐放缓，货币政策回归稳健，都在积极打压资产泡沫。各金融机构更加精准地调控自身的资金需求，提高了资金管理水平，银行间互相拆借的频次降低；国家重点战略，如供给侧改革、"一带一路"等的发展布局都需要金融体系的支持，同时新兴产业和共享经济领域的快速发展，金融业必然会回归到服务文体娱乐、教育医疗等实体经济，社会基础设施的投资也会增多，金融业利润多半都会趋于合理化。

2. 优化市场结构，直接融资增多

随着金融体系中各金融机构之间的业务往来增多，融资结构发生了巨大改变，融资占主要地位的局面必然会逐步转变为融资和资产管理并重的格局。从社会融资规模存量和增量结构来看，直接融资的比重都在增加，融资模式以银行主导逐渐转化为市场主导。

3. 服务用户，鼓励创新金融

如今，投资者的投资渠道日益多元化，理财意识和理财需求都有提升。

多数年轻客户都已经摒弃了传统的存款业务，更偏向于数字化渠道的金融服务。再加上理财产品的不断增多，使得客户忠诚度和粘性下降，市场更喜欢具有创新性的、能解决用户痛点的金融服务。

4. 新科技进入金融圈，变化巨大

近几年大数据、云计算、人工智能和区块链技术已经被炒得火热。新的发展机遇出现在人们眼前。金融界完全可以利用大数据分析，精准定位客户需求，实现精准营销。科学的发展和技术的进步，定然能给金融体系带来惊人的变化。

从以上发展趋势来看，金融体系已经逐渐步入一个更为合理的阶段，金融机构必须跟上时代和科技的发展步伐，以市场需求为导向，做好融资业务，多推出一些创新型理财产品，更好地为国家和实体经济服务。

二、区块链+泛金融能擦出哪些火花

首先，金融是一种信用交易，信用是金融的基础，而金融最能体现信用的原则与特性。目前，为了解决交易中的信用问题，采用的基本上都是第三方信用中介，比如银行、政府等。用户需要为此付出一些成本，常见的就是各类手续费。而区块链作为一种分布式账本技术，其账本信息公开透明、不可篡改，作为一种征信、授信的手段，可以降低信任成本，将传统的对中心化信用机构的信任转变为对区块链账本的数据信任。

其次，区块链技术可以作为货币提供价值流通，能够更好地融入金融行业体系，区块链技术与泛金融行业具备很强的适配性。

最后，在技术层面，现代泛金融行业的业务活动本身就具有数据的性质，比如：账户管理、交易操作等本身就是数据的修改、传输，是区块链技术易于产生应用的行业。

举个例子：RiPPle——跨境支付

RiPPle LabS 公司位于旧金山，致力于推动 RiPPle 成为世界范围内各大银行通用的标准交易协议，使货币转账能像发电子邮件那样成本低廉、方便快捷。

RiPPle 是世界上第一个开放的支付网络，通过该支付网络，用户可以转账任意一种货币，包括美元、欧元、人民币、日元或比特币，简便易行，几秒完成，交易费用几乎为零。其是一个去中心化的免费货币支付系统，基于去中心化理念，创造了支付和清算系统，能在全球范围内实现多币种快捷低廉的转账业务，自动完成交易和清算，并将交易记录到分布式数据账本的清算网络。

优点：

1. 货币多元性，不仅支持各国法定货币之间的交易，也能处理各大数字货币之间的交易。

2. 和全球 100 多家金融机构达成合作，用户基础扎实。

3.为金融机构提供服务支持,既能解决银行间的支付清算问题,又不会损害到银行的利益。

缺点:

1.交易可追溯性差,由于匿名性的原因,导致无法追溯,存在非法交易的可能。

2.RiPPle币是网络中的支撑货币,数量有限,可能被投机,影响市场交易。

应用七：区块链技术还能保护森林资源

众所周知，世界上约30%的陆地是被森林覆盖的。虽然看起来很多，但每年都会有相当于半个英国大小的森林在消失。如果以这样的速度摧毁，世界热带雨林很可能会在未来100年内完全消失。

如今，很多动物栖息地遭到破坏，非法采伐的影响不仅发生在少数几个地区。这是一个世界性问题，已经影响到全球很多地方。

非法采伐业充满了强迫、暴力和贩卖人口，最终使用非法木材的人基本上都不知道这些木材是如何来的。为了阻止犯罪分子参与非法贸易并从砍伐森林中获利，社会需要一个解决方案，而区块链就可以很好地解决这个问题。

非法采伐产业价值数十亿美元，压制了木材价格，每年就会产生100亿～150亿美元的犯罪收益。"非法采伐"一词涵盖了多种违法行为，包括采伐受保护物种、进入保护区、用假的或非法取得的许可证进行采伐。

数千年来发展起来的栖息地遭到破坏,要想还原为原来的样子是非常困难的,甚至几乎是不可能的。随着栖息地的丧失,植物、动物和生物多样性也会因此丧失,使这些地区变得如此特殊。森林砍伐的发生,二氧化碳的大量涌入,加剧了气候变化,进一步扰乱了地球的稳定。为了追求利润,人类的一些生活方式正在消失,较小的植物、动物和人类受到威胁。

一定要明白,砍伐森林问题具有一定的深度和复杂性,区块链并不能产生奇妙的作用。但该技术却可以用来提供更准确的记录,提高木材供应链的透明度,激励伐木业参与者做出更好的行为。虽然受保护的土地依然需由政府在地面上执行,但区块链却可以确保与该强制执行相关的记录不可更改。同样,基于区块链的土地记录,还能为土地可能被非法砍伐者的社区和土地所有者提供一定程度的保护。

加密密封件可以被应用于木材本身或单独运输,从应用时刻到木材到达最终目的地,提供一系列监管。木材 DNA 测试的结果,可以通过区块链进行记录和跟踪,告诉消费者已经以道德方式登录;便携式扫描仪,可以读取木材颗粒并识别树种。在区块链上注册该信息,有助于确定非法木材何时何地进入供应链;如果一批木材没有信誉良好的监管链,木材就会立刻被标记。从信誉良好的供应链中挤出非法木材,会大大减少砍伐森林和非法采伐的影响,从而减少对林木的需求。

区块链是教育的工具,增加了不透明的地区透明度和可见度,可以为人们提供有关供应链中问题出现的位置和方式等信息，但它不能自行解决问题，不能执行规定或检查许可证。解决世界环境问题的办法涉及许多工具和组织的合作，需要耗费众多人员的意志力、消费者、政府和商业利益。

有了区块链技术的帮助，这个问题是可以解决的，甚至可以更快地解决。

应用八：区块链的其他应用场景

应用场景一：信息共享

信息共享是区块链最简单的应用场景，简而言之就是信息互通有无。

1. 传统的信息共享的痛点

要么统一由一个中心进行信息发布和分发，要么彼此之间定时批量对账（典型的每天一次），对于有时效性要求的信息共享，是无法达到实时共享的。信息共享的双方缺少一种相互信任的通信方式，更无法确定收到的信息是否是对方发送的。

2. 区块链 + 信息共享

首先，区块链本身需要保持各节点数据的一致性，自带信息共享功能；其次，实时的问题，可以通过区块链的P2P技术实现；最后，利用区块链的不可篡改和共识机制，能够构建一条安全可靠的信息共享通道。

应用场景二：版权保护

1. 传统鉴证证明的痛点

（1）流程复杂。以版权保护为例，现有的鉴证证明方式，登记时间长，费用高。

（2）公信力不足。以法务存证为例，个人或中心化的机构存在篡改数据的可能，无法保证公信力。

2. 区块链 + 鉴证证明

（1）流程简化。将区块链应用到鉴证证明，无论是登记，还是查询，都会变得非常方便，无需再奔走于各个部门之间。

（2）安全可靠。区块链的去中心化存储，任何机构都不会任意篡改数据。

应用场景三：物流链

商品从生产商到消费者手中，需要经历多个环节，跨境购物则更加复杂。中间环节一旦出问题，消费者很容易购买到假货。而假货问题困扰各大商家和平台，至今无解。

区块链没有中心化节点，各节点是平等的，掌握单个节点，无法实现修改数据；只有掌控足够多的节点，才可能伪造数据，提高伪造数据的成本。

区块链天生的开放、透明，使得任何人都可以公开查询，伪造数据被发现的概率大增。

区块链的数据不可篡改性，保证了已销售出去的产品信息永久记录，无法通过简单复制蒙混过关。

物流链的所有节点上了区块链后，商品从生产商到消费者手里都是有迹可循的，形成了完整的链条；商品缺失的环节越多，暴露出其是伪劣产品的概率越大。

目前，入局物流链的玩家较多，包括腾讯、阿里、京东、沃尔玛等。据说，阿里的菜鸟在海淘进口应用区块链上，已经走在了前面，初步实现了海外商品溯源、国际物流及进口申报溯源、境内物流溯源；接下来就是生产企业溯源了。

应用场景四：供应链金融

1. 传统的供应链单点融资

在一般供应链贸易中，从原材料的采购、加工、组装到销售，各环节都要涉及资金的支出和收入，而各项资金的支出和收入都是有时间差的，很容易形成资金缺口，多数需要进行融资生产。

（1）核心企业或大企业。规模大、信用好，议价能力强，先拿货后付款，能够延长账期，将资金压力传导给后续供应商；此外，融资能力也是最强的。

（2）一级供应商。通过核心企业的债权转让，可以获得银行融资。

（3）中小微企业。规模小、发展不稳定、信用低，风险高，无法获得银行贷款；不会有很长的账期，企业越小账期越短，微小企业还需要现金拿货。如此，中小微企业只能无息借钱给大企业做生意。

2. 区块链 + 供应链金融

供应链里的中小微企业之所以会出现融资难问题，主要原因是银行和中小企业之间缺乏有效的信任机制。其实，只要供应链所有节点上链，通过区块链的私钥签名技术，就能保证核心企业等数据的可靠性；而合同、票据等上链，是对资产的数字化，更便于流通，能够实现价值传递。

区块链解决了数据的可靠性和价值流通后，中小企业的融资，银行等金融机构不再会对企业进行单独评估，而会站在整个供应链的顶端，对核心企业的付款意愿、链条上的票据、合同等信息进行全方位分析和评估，借助核心企业的信用实力和可靠的交易链条，为中小微企业融资背书，实现从单环节融资到全链条融资的跨越，缓解中小微企业融资难问题。

应用场景五：跨境支付

1. 传统跨境支付

跨境支付涉及多种币种，存在汇率问题，传统跨境支付非常依赖于第三方机构，大致存在两个问题：

（1）流程繁琐，结算周期长。传统跨境支付基本上都是非实时的，银行日终进行交易的批量处理，通常一笔交易需要24小时以上才能完成；某些银行的跨境支付看起来是实时的，但实际上，是收款银行基于汇款银

行的信用做了一定额度的垫付，在日终再进行资金清算和对账，业务处理速度慢。

（2）手续费高。传统跨境支付模式存在大量人工对账操作，再加上依赖第三方机构，导致手续费居高不下。

2. 区块链+跨境支付

这些问题的存在，很大原因还是信息不对称，没有建立有效的信任机制。区块链的引入，不仅解决了跨境支付信息不对称的问题，还建立起了一定程度的信任机制，带来了两个好处：

（1）提高了效率，降低了费用。接入区块链技术后，通过公私钥技术，数据的可靠性大大提高，再通过加密技术和去中心，数据就无法篡改了。最后，通过P2P技术，就能实现点对点的结算。如此，就能去除传统中心转发，提高效率，降低成本。

（2）可追溯，符合监管需求。传统的点对点结算不能规模应用，除了信任问题，还存在一定的监管漏洞，而区块链的交易透明，信息公开，交易记录可以永久保存，实现了可追溯，符合监管的需求。

应用场景六：资产数字化

1. 实体资产存在的问题

实体资产存在的问题主要有：实体资产难以分割，不便于流通；无法监控实体资产的流通，存在洗黑钱等风险。

2. 区块链实现资产数字化

好处有：资产数字化后，易于分割、流通方便，能够降低交易成本；用区块链技术实现资产数字化，所有的资产交易记录公开、透明、永久存储、可追溯，完全符合监管需求。

3. 应用案例

以腾讯的微黄金应用为例，资产数字化后，流通更加方便，不再依赖发行机构；用户可能购买 0.001g 黄金，降低了参与门槛。

应用场景七：代币

说到区块链，始终绕不开代币。区块链脱胎于比特币，天生具有代币的属性，目前区块链最成功的应用就是比特币。

传统的货币发行权掌握在国家手中，存在着货币滥发的风险。比如，元朝建立后四处征战，消耗了大量的钱财和粮食，为了解决财政问题，国家长期滥发货币，造成了严重的通货膨胀，百姓生活在水深火热中，流民四起，国家大乱，结果元朝只存在了 97 年就灭亡了。

传统的记账权掌握在一个中心化的中介机构手中，就会存在中介系统瘫痪、中介违约、中介欺瞒，甚至是中介耍赖等风险。2013 年 3 月，为了获得救助，塞浦路斯对银行储户进行了一次约 58 亿欧元的征税，向不低于 10 万欧元的存款一次性征税 9.9%，向低于 10 万欧元的一次性征税 6.75%。

比特币解决了货币在发行和记账环节的信任问题，比特币是如何一一破解上面两个问题的?

（1）货币滥发问题。比特币的获取只能通过挖矿获得，且比特币总量为2100万个，在发行环节就解决了货币滥发的问题。

（2）账本修改问题。比特币的交易记录通过链式存储和去中心化的全球节点构成的网络来解决账本修改问题。

链式存储可以简单理解为，存储记录的块是一块连着一块的，形成了一个链条。除第一块的所有区块外，都记录了包含前一区块的校验信息，改变任一区块的信息，都会引发后续区块校验出错。因为这种关联性，中间自然无法插入其他块，所以要想修改已有记录很难。

去中心化节点可以简单理解为，全球的中心节点都是平等的，都有一模一样的账本，所以任一节点出问题，都会影响账本记录。而要修改账本，必须对超过全球一半的节点进行修改，才能完成，就目前看来几乎不可能。账本无法修改，要是记账的时候作弊呢?首先，比特币的每条交易记录都有私钥签名，别人伪造不了这个记录，能修改的仅仅是自己发起的交易记录。其次，比特币的记账权，通过工作量证明获得，可以简单理解为:通过算法确定同一时刻，全球只有一个节点获得记账权，基本规律是谁拥有的计算资源多，谁获得记账权的概率就越大，掌握超过全网一半的算力，才可能实现双花。

第八章 提高认识要点,积极进军区块链

第八章　提高认识要点，积极进军区块链

认识一：进军区块链的要点

一、进军区块链的要点

每一，把握好发布时间节点。在 ICO 市场遭冷落时，突然爆出新消息，其关注度自然会非常高。

第二，有真正能落地的项目。区块链项目被一刀切，关键还在于能落地的项目少，以致被全面收割，对于能够促进企业本身发展的项目，政策一般都会予以支持。

第三，善于同新技术结合。新技术并不是毒蛇猛兽，不了解时，要深入研究并找到与自身的契合点，如此才能享受到新技术带来的红利。

第四，不断审视自身业务。只有不断地对现有的商业模式、行业中地位、行业新技术应用等方面保持自察、自省，才可能在商业模式的演进和行业竞争中脱颖而出。

二、进军区块链项目需要注意的事项

进军区块链项目需要注意这样几项：

1. 确认信息真实性的成本高

区块链是一个公开账本，可以达成全网共识，因此区块链技术特别适合信息真实性难以确认的领域。而那些信息确认轻而易举的行业，根本用不着区块链技术。什么才是信息真实性难以确认的领域？典型的就是金融。金融市场有大量信息不对称，市场充满不确定性。举个简单的例子，转账。过去转账，我们是不知道有没有到账的，所以才有了银行。银行说到账了，你才知道到账了；而现在区块链可以更好地解决这个问题。

2. 形成大规模共识

区块链的一个突出的优势就是，通过公开账本记账且通告全网，能够有效形成大规模共识。可是，如今很多项目完全没必要形成全网共识，只是为了共识而共识。比如，中本聪啤酒链。这个项目把一个叫中本聪的啤酒厂产的啤酒拆分成份额，进行私募……其实是一个众筹啤酒厂项目。总之，不能套着区块链的帽子搞众筹、发代币，项目的区块链共识都没有什么意义，项目就能判死刑。

3. 数据已经线上化的领域

区块链适合应用的领域是已经现存大量结构化数据，或容易形成结构化数据的领域。只有数据线上化结构化了，区块链才能基于数据确认真实性、公告全网、产生共识。但是，现在很多项目都没有线上数据、数据难以获取，甚至都没有数据标准的领域。

4. 网络效应的模式

网络效应的意思是，一个项目用户越多越值钱，因为项目的价值并不在用户本身，而是用户之间的连接网络。比特币就是一个典型例子。用户节点多，节点之间的链接就会指数级增长，比特币整个生态就越有价值。区块链特别适合用在有网络效应的领域，因为区块链是分布式的网络，增加的节点越多，就会有更多的附加价值。

认识二：进军区块链需要了解军规

一、信用不重要，重要的是如何管理失信

很多人觉得区块链不可篡改，可以追溯，无法造假，所以可以建立社会信用。但问题是，很多人自己的币还被人骗走了要都要不回来，报警没人管，居然跑到微博上去维权，币圈大佬也尽是发朋友圈、公众号文章声讨各类合作崩塌。我看了都觉得有点尴尬。这有点类似，官司打赢了，但是执行不下去，就等于没有一样。

目前社会上的追溯解决方案有很多，金融安全方面的解决方案也有很多，区块链肯定不是效率最高的，也不是效果最好的，只是似乎是可以记录的最客观的。但目前的社会还是一个效率优先的社会，趣店的罗敏不是说了么，"你还不起钱我就不要了，因为催收更费钱啊"，所以他可能不需要不可篡改什么的信用体系，利息够高就好了。

二、币的涨落要看市值管理

这是一个信心市场和金融市场，所以项目好不好，其实也不是最重要的，最重要的是要有一个好的市值管理团队，并且有足够的资本拉盘、护盘，放消息拉韭菜，做出很好的上涨曲线什么的。这些资本市场的糟粕在这里特别好用，所以你下次看项目，一定要看看它的市值管理团队是怎么样的，完全凭韭菜自觉炒作和大佬背书，是靠不住的。

不过最近美国已经在打击这些拉高出货的操盘者了。因为大部分情况下，发币者手里的筹码是完全控盘的，包括比特币在内，所以飙升拉高之类的，并不是很难的事情。当然，跌下来也会很快，因为只有信念在支撑。以太坊的创始人也提醒说，虚拟币可能一夜跌到零，不过从权证市场来看，并不会几分钱的时候也是炒作的好时候，1分钱涨到2分钱就翻倍了。

三、不发币的区块链项目很可怕

很多人说，ICo 骗钱的多。我能不能不发币，我只用区块链技术来做项目行不行？其实，不发币也就谈不上什么区块链，用币的形式来激励整个链条的运转，记账等才是区块链区别于普通技术的最大所在。所以，不发币的区块链是效率很低的技术解决方案，都可以被其他技术所替代。

区块链不等于发币的说法，也比较浅薄。而大家讨论来去都达不成共识的原因也就是：大家都想发，又不能发，还不能直说，就只好弯弯绕扯些有的没的。如果只是讨论，怎么发币更有效率，怎么管理市值能拉得更快，

那这些讨论就有价值多了。

四、错过区块链，结果不见得就糟糕

其实仔细想想，过去的几十年，你有没有错过股市、互联网、电商、阿里巴巴、移动互联网、智能手机、自媒体、微商、ARVR、人工智能？如果都错过了，还能活下去？错过了区块链也一样。

五、加密货币不是争夺铸币权

很多人说，不管是比特币，还是加密货币，其实都在抢政府的铸币权，政府不高兴。这是完全错误的。铸币权的币的效力是国家强权力来保证和维护的，而大部分加密货币的价值是靠信心和资金量支撑的。比特币产量稀少，获得了大家的共识，更像是虚拟黄金或其他一般等价物。优点是，可以点对点进行网络交易而摆脱监管。

六、区块链主要颠覆的是监管

区块链的最伟大之处是去中心化，去中心化的最伟大之处是躲避了监管。

不可否认，区块链跟中心化比起来，在效率上是没有任何优势的。比如，比特币一分钟也交易不了几笔，即使再努力五年，也无法赶上支付宝五年前的水准。那为什么还这么有价值呢？那就是，逃避了监管。给别人打款 1000 万也许不是什么太大价值,但是能随便打款 1000 万去网上赌博,再结算打回来还查不到,对一些人来说,价值就很大了。

七、正确认识区块链中的"共识"

区块链里有个重要的概念叫"共识",意思就是,大家觉得这个虚拟币或项目值钱,觉得以后能涨,达成共识的人越多,就越值钱,越能涨。这一点,跟郁金香泡沫、普洱茶等一样,所以现在所有币圈的人都在努力传递信息、传递预期、传递趋势,然后让更多的人达成共识,拉更多人入伙,这样就具备了庞氏骗局的典型特征了。

不过,在区块链这个领域,大家都很难达成共识,人们整天都在群里讨论,个人有个人的看法。所以,唯一支撑这些共识的,只有"价格一直涨"。

第九章 投资区块链不要轻易入「坑」

第九章　投资区块链不要轻易入"坑"

第一坑：ICO

ICO 是"Initial Coin Offering"的缩写，意思是"首次币发行"，源自股票市场的首次公开发行（IPO）概念，指的是，区块链项目首次发行代币，募集比特币、以太坊等通用数字货币的行为。

ICO 参与者对于一个项目的成功非常重要，他们会在社区里为该区块链项目进行宣传，使它产生的代币在开始交易前就获得流动性。但参与者最看重的依然是项目发展或代币发行后价格升值带来的潜在收益。

这一点，坑害了无数人，包括很多币圈大佬。很多小白第一次心惊胆战地给别人打币后，就再也不敢进行第二次操作了。除了害怕跑路外，更担心项目不靠谱。其实，大家心里都明白，多数项目都是空气，但依然还有人投资，原因何在？因为大家都觉得自己是那 10%。

"项目进展如何不重要，有没有实际应用价值不重要，只要能上线翻倍就行，后面归零跟我无关"。

一是不懂就别投。对于二级市场（交易所），短线和长线都可以做；对于一级市场（ICO），最好坚持拿长线。一旦决定长期持有，审视项目

的眼光就会变得不同，如果连项目都看不懂，也不想持有一年以上，就不要参与。

二是不要着急。现在的区块链投资市场很像 1999 年的互联网泡沫，除了亚马逊、谷歌、脸谱、国内的 BAT 等优秀的互联网企业外，都是泡沫之后才出现的。等这一轮 ICO 泡沫破裂，真正有价值的区块链项目就会渐渐浮现，为了抓住未来的区块链独角兽企业或组织，就要多给自己留一些子弹。

第二坑：梭哈

很多人是主流币、山寨币，看见什么买什么。不过也很正常，因为刚开始进入币圈的小白都会抓瞎，各种群都加，只要跟有点经验的朋友聊，看到有利可图，就会跟风买；看到哪个涨，他就买哪个。

虽然总有赌徒梭中了别墅和嫩模，但是他们只是人群中的百万分之一。追涨杀跌是大忌，在投某个项目之前，首先要看看你的信仰在哪里，如果根本就不看好区块链的发展，依然要投，你不死谁死？

一是看白皮书。如今白皮书可以代写，很多人都觉得没什么用。可是，连白皮书都不看，怎么知道代币背后是什么项目？这个项目用区块链可以解决什么问题？因此，还是得先从白皮书看起。

二是回归主流币。主流币虽然不会让你赚大钱，但至少跌的不会很惨。现阶段，有价值的币种一旦跌了，多半都会涨回来。而多数垃圾币，只有一次高潮，之后就会逐渐归零。

第三坑：大佬

如今，群已经太多，很多新入场的朋友都会乱加各种付费群、小密圈，看行情分析、直播、趋势判断等。但他们不知道的是，有些截图是可以提前做出来的。而且，看得多了就会发现，牛市总会盛产各种"砖家"。刚入场的投资者，会被征收智商税，这不可避免，损失几百元是小事，但跟着操作，被套割肉，甚至被跑路，即使报警，也不一定管用。

区块链行业的普遍玩法是：行业大佬给项目方站台，项目方分代币给大佬。项目做成了，分多点；项目做不成，分少点；项目做砸了，大佬声明和项目无关。更有甚者，有些区块链项目还会"捏造"大佬背书。比如，创投圈大佬阎焱就曾在朋友圈控诉太空链以其名字虚假背书，使用了"量子""太空""卫星"等高科技关键词包装，宣称数位业内大佬为其站台，结果ICO项目一天就完成10亿元私募，而仅用了一个月的时间就跌破了发行价，市值接近零。

如果有大佬承诺项目一定能上某个交易所、上线多少倍，你多半会被套。所以，大佬的话可以听，但不能全部照搬。大家都不是慈善家，不会无条件给你好处。即使没有独立思考能力,也要养成这样一个习惯:即使再多的人相信一个观点和认知,即使再权威的人相信,如果它不符合逻辑,也要质疑。大佬,才是最大的坑。

第四坑：糖果

很多空投的糖果，看起来利润不错，推广后能拿佣金，但跟微商又有啥区别？如果进行了推广但不能提现，也只能吃个哑巴亏。

无论是新项目，还是新交易所，糖果都不再是区块链行业的专利，在P2P经常出现的薅羊毛，经常会换一种方式出现在币圈里。之前出现过多次的诈骗行为，比如，向某地址里赚0.1个eth，会收到空投，其实根本不会给你空投。领取某个糖果，不仅会让你无法提现，还会资产被盗，这个项目基本上就是空气币了。

一是放弃无意义的糖果。除非你是专业薅羊毛的，否则不要整天都专注在这些小恩小惠上。发多了群，会被踢，甚至还会有人举报你，得不偿失。

二是关注项目本身。如果是公信宝、币乎、网易星球等知名项目，薅羊毛完全没问题；但一定要警惕那些不了解甚至被人黑过的项目。当然，为了增加自己的鉴别能力，还可以关注一些项目评级的公众号，比如币圈优一库、大炮评级等。

第五坑：情绪投资

币市的普遍心态是：

1. 追涨杀跌

投资是低买高卖，而现实中大多数人都只会追涨杀跌。时刻盯盘，将时刻被市场操控情绪；一旦情绪被操控，会更加忍不住盯盘；一盯盘，就容易频繁交易；一交易，就可能遇到踏空或暴跌。

2. 抱怨

很多人都知道这是个赌场，却不想愿赌服输。涨就欢呼雀跃，跌就抱怨骂人。面对市场波动，很多人沦为情绪奴隶。

3. 贷款

如今，做期货、杠杆的人大有人在。卖房炒币需要强大的避险能力，如果当赌博来玩，且没啥本金，心脏不好，一定要慎重。

如何防坑？

一是不断学习。不要受情绪控制，要跟随查理芒格等大师的脚步，不断学习跨学科知识，掌握多元思维模型，提升自己的心智力量。

二是从场外赚钱。除了投资,还得有其他收入。投资区块链的前提是,要有持续的场外赚钱能力。任何人都无法时刻左右市场,更不用说是千万散户了。炒币是比炒股风险更大的投资,如果不能场外回血,很可能会累死在K线图面前。

第十章 区块链的前景展望

展望一：区块链是中国经济创新的新高地

区块链产业的发展不仅帮助一些人得到了财富，还为一些产业开辟了新的 IP 建设机会，更成了中国经济发展创新的新高地。我们有理由相信，区块链必然会在实体经济中广泛落地，成为数字建设的重要支撑。

一、区块链落地的现状

目前，中国区块链市场充斥着大量的三无项目，没有应用场景，没有技术团队，没有业务逻辑。虽然 ICO 已经被监管机构叫停，但泡沫依然没有表现出破裂的迹象，创业者完全可以将这一颠覆性技术成功落地。

当然，产业落地速度缓慢也很正常，主要原因在于：底层技术还不成熟、缺少智能合约公链平台、各类代币生态兼容不足、政府监管不明等。在接下来的一两年，行业大环境定然会更加成熟，通证经济／代币价值多半都会得到广泛认可，商业级应用必然会成功落地。

仔细梳理互联网的发展就会发现，互联网技术出现于1995年前后，技术落地最早在门户网站，直到2012年才有了"互联网+产业"。区块链技术离行业应用还需要经历一段时间，但2018年区块链技术落地的速度却更加快速。

2018年是区块链真正与实体经济结合并爆发的一年：一方面传统企业拥抱区块链，"单一中心化管理+去中心化协作"的区块链应用如雨后春笋般出现；一方面，链圈与币圈创业团队开始融合，传统区块链应用项目逐步吸纳了代币/通证机制，代币项目逐步与实体经济融合在了一起。

如今，大批传统主流经济力量已经进入区块链。传统世界里的资金、资源、技术，都会彻底改变区块链通证的价值基础，每份通证都会获得货真价实的产品、服务、资源和权益支撑。

二、区块链落地的机遇

一项新技术能否最终落地，跟很多因素分不开，其中最关键的是合适的应用场景。当然，要想找到相应的应用场景，就要从区块链的自身技术特性入手。

如果不引入第三方中介机构，区块链技术可以提供去中心化、不可篡改、安全可靠的特性保证。可是，并不是所有的场景都需要区块链。从网络节点设计层面来看，使用当前的技术水平，区块链网络为了实现更高的安全性、更好的信任效果，定然要消耗更多资源，使各方信任降低成本，同时也会导致全网网络运营总成本偏高。

那么就目前情景来说，什么样的应用场景能够将区块链技术的三大特点发挥到极致，又能摊薄高昂的网络运营成本呢？要想抓住机遇，区块链技术落地应该遵循四大原则：

一是多信任主体。区块链是一种信任机制，应用环境最好是：相互之间没有天然信任关系，要通过区块链来搭建；如果双方是一种强信任关系，或已有完善的制度保障，就没有必要使用区块链了。

二是多方协作。如果该场景的协作方很多、对账成本较高，在区块链底层的共享账本上搭建智能合约，就能降低对账成本，从而大大提升效率。

三是中低频交易。目前，区块链的并发性和扩展性还无法应用于大规模的高频交易，比如股票交易所。

四是商业逻辑完备。区块链节点之间只有具备完备的商业逻辑，形成多赢局面，参与者才能产生使用整条区块链的动力。

目前，中国只有少数企业摸索出了特定的应用场景，而多数企业还处于探索和验证阶段。笔者认为，在未来的一段时间甚至更长时间，深入使用区块链技术的应用场景可能包括：金融服务、物联网、内容版权、资源共享、预测经济、权属及征信管理等。

一直以来，金融服务领域都存在提高交易效率的迫切需求，因为现有的第三方中介机制普遍存在成本高、周期长、流程复杂、容易出错等痛点，而区块链技术不仅可以为金融服务提供有效、可信的权属证明，还能提供可靠的合约确保机制。

从发展潜力来说,中国金融业每年的IT投入保守估计高达上千亿,足够诞生区块链独角兽企业。但金融领域落地却比非金融领域要慢很多,原因有二:(1)金融领域的应用对技术要求较高,而区块链技术要想发展成熟还需要很长一段时间;(2)金融领域监管较强,试错成本高,各类机构相对保守,决策速度较慢。

目前,国内区块链底层技术最成功的一个应用是供应链金融。供应链金融在国内是很大的产业,很多企业规模小、征信难,到银行贷款流程慢、利息高,甚至贷不到,一旦运用区块链技术,银行就能清晰地看到上中下游企业间的合作关系,实现多方共同审核,提高真实性,还能提高贷款效率。

区块链技术产业应用的落地,竞争优势在于区块链+行业经验。最后,比的不是技术,更是产品化能力。因此,一定要熟悉服务场景,一定要对产业深入了解和学习。

长期以来,物联网大都以中心化模式建设与管理,建设和运营成本居高不下。此外,构成物联网的节点琐碎,而产生的价值却不明显,很难形成生态。区块链技术却可以给物联网注入"生态设计机制",再造出既有权限归属又能价值传递的物联网。

展望二：区块链的赚钱经济前景

区块链行业，有巨大的赚钱机会。这里，我们就归纳一下目前市场的主流玩法：

一、研发生产

研发生产领域是区块链技术应用的源头，其赚钱形式主要表现为三种：

1. 造币

这种模式是区块链行业目前的创业主流，经常被运用于一些初创企业，他们的解决方案是：提供代币来支持他们的发展，所以可以简称为造币。比如，云储币为了解决云存储问题，发行了代币 SC；比特股为了提供一种去中心化交易所，发行了代币 BTS；PreSS One 为了尝试重构内容生态，发行了代币 PRS。

随着区块链投资市场尤其是 ICO 的火热，这种模式已经为初创企业带来了巨大市值。对于一个区块链项目来说，可能产品还没有上市，就已经估值上亿。比如：EOS，当前市值已经有4亿多美元。

2. 挖矿

如果说造币是研发出一种新型代币，那么挖矿就是具体的一种生产手段了。但并不是所有的代币都支持挖矿，只有采用POW（工作证明）机制的币才支持，其中最著名的当属比特币。挖矿效率跟算力有着密切的关系，现在基本都是规模化挖矿，普通人很难参与其中。再加上，挖矿并不是代币唯一的产出途径，因此有着较高的投资风险。

3. 外包

在研发领域，还可以为不具备区块链技术能力的团队提供区块链解决方案。围绕这一新兴技术，类似的项目定然会越来越多。但是否靠谱，还需要认真考察。

二、金融流通

无论是哪种代币，出来后总要流通，于是金融领域就产生了很多需求。对于一个组织而言，常见的做法有两种：

1. 开交易网站

一旦出现了买卖需求，就会需要交易网站。虽然交易手续费比股票要便宜很多，但交易频繁时，也会产生足够多的手续费。经过几年的发展，目前市面上的交易网站已经有很多，但是从区块链行业的长远发展来看，目前的数量可能还不够。做交易网站通常有两种形式：

(1) 针对已上市代币的交易,比如比特时代、云币网、中国比特币等。

(2) 针对新项目的 ICO 募集,比如币众筹、ICOINFO、iCO365 等。

2. 做基金投资

如果做交易网站是 2C,那么做基金投资就是 2B,门槛较高,主要有两种形式:(1)做风险投资。投资各种区块链初创企业,资金门槛更大,回报是股权;(2)参与 PRE-ICO。在 ICO 之前参与代币募集,可以用更低的价格买入代币,如果项目好,就能得到可观的回报。跟风投比起来,这种投资对资金的要求较小。

对于个人而言,门槛低了很多,主要有三种方式:

(1) ICO。可以理解为股市的打新股,可以用较低的成本持有代币。如果行情不错,代币上市可以获得数十倍的涨幅。即使没有遇上好行情,成本也会比较低,是比较稳妥的投资方式。

(2) 炒币。就像在上证交易所买卖股票一样,很多人都会在各大交易所进行代币的买卖,方式有炒现货和炒期货,这里就不再赘述。

(3) 搬砖。不同于股票,一个代币可以上多个平台,包括国内国外。各交易所博弈情况的不同,同个币种在不同交易所的价格就无法保持一致,这样就留出了价差套利的空间。当然,随着搬砖人的增多,价格的差距也会迅速抹平。更何况,搬砖还要面临汇率、手续费、行情波动等多种风险,难度也越来越大。

三、周边支持

作为一种新兴行业,除了研发生产和金融流通,其周边还有很多赚钱机会。

1. 工具

区块链离钱较近,人们的关注度也非常高,围绕其日常使用,就产生了很多工具需求,比如:

(1)行情查询。很多投资者几乎每天都要做这件事,由此在各种场景下都产生了解决方案。比如:微信群里的查价机器人、小程序里的区块链全球指数、APP 里的 SOSObtc 等。

(2)安全防盗。安全是投资者关注的重点,比如,谷歌身份验证、太一护照等工具的出现,都是出于安全的需要。

2. 媒体或论坛。新兴的领域都会有资讯和交流等需求,这样就有了媒体\论坛的需求。比如,自媒体领域的公众号就是一个典型案例。而围绕区块链内容,除了自媒体,还可以做网站、论坛、音频、视频乃至直播。目前,市面上还没有形成垄断,市场还有很大的空间。

3. 内容付费

这个行业还太新,相关内容产品也非常少,这里可以做这样几件事:

(1)投资者教育。这是一种新兴投资品,很多投资者都对区块链了解不多,因此就产生了学习需求。目前,学习的途径有两种:

网课模式:通过一块听听、千聊等课程普及区块链知识。

社群模式:通过小密圈(现改名为知识星球)开展投资实践和沟通。

(2)开发者培训。在线下,有很多针对区块链技术的培训课,确实是个不小的市场。

(3)行业研究报告。如果说前两类都是针对个人的,那么这种则是针对企业的。不要小看它,一份行业研究报告的售价可不便宜。

展望三：国内互联网巨头的区块链布局

如今，区块链已经火爆各大领域，吸引各公司纷纷入场。数据显示：中国区块链方向公开专利的数量从2014年2件增加到2017年前7个月的428件，无论是数量还是增速，都已经超过美国；私募投资方面，中国区块链领域私募股权融资金额已经从0.16亿美元增长到0.76亿美元，增长了3.75倍。

以腾讯、阿里巴巴、百度、京东为例。传统互联网巨头最先意识到新浪潮将至。四家企业中，腾讯最先成立团队，京东较滞后。值得注意的是，腾讯的区块链版图扩张是先建立完整的金融生态平台，阿里巴巴专项负责团队蚂蚁金服则着力于底层项目的落地。据了解，蚂蚁金服技术实验室目前获得的区块链专利数量排名为全球首位。

从项目方向上看，腾讯与百度主攻金融领域的区块链技术应用，基于本身所拥有的云计算技术基础，双方先后建立了面向金融业的商业级区块链云计算平台——BaaS。

蚂蚁金服和京东受主要业务的影响，更关注线上电商与线下物流的数据一体化，分别在商品防伪溯源领域进行技术探索。与京东不同的是，蚂蚁金服在防伪溯源和物流跟踪外，还在2017年11月与雄安新区签署战略合作协议，承建数字雄安区块链基础设施平台。

从项目进展上看，腾讯于2017年1月完成了区块链商业场景的内部落地，11月正式发布区块链金融级解决方案BaaS，完成了生态平台的搭建。百度金融于2017年7月推出商业级区块链云计算平台BaaS，同年9月上线基于区块链技术的公募ABS平台。2017年阿里巴巴开始打造可追溯的跨境食品供应链，2018年2月菜鸟与天猫国际实现跨境商品的物流全链路信息追踪。

下面，我们就对各大巨头生态进行深度解剖与梳理。

一、腾讯：打造垂直行业应用

2015年年底腾讯对区块链进行了研究，成立了区块链团队，确认了技术路线，从零开始搭建。同时，腾讯选用联盟链技术作为其实现区块链应用场景的技术路径。区别于比特币等公有链，联盟链参与方都是大型机构，参与的节点可信度高于普通比特币节点。同时，联盟链是组织结合的"多中心化系统"，具备自主可控、隐私保护、效率高效的特点，针对中国的政策环境，联盟链用"多中心化"取代"去中心化"，完成了区块链技术从概念到落地应用。

多家机构组成联盟链，金融机构间支付、结算、清算等交易速度与交易成本都大幅降低。一旦完成联盟链的区块链云服务，腾讯的金融业务与银行业、保险业、信托业、证券业和租赁业就会形成无缝接轨。

2016年5月，由腾讯、百业源、立业集团等知名民营企业设立的微众银行，参与发起了金融区块链合作联盟——金链盟。6月，微众银行开发出国内第一个面向金融业的联盟链云服务BaaS。部署好所有基础后，微黄金应运而生，这是腾讯首个内部落地的区块链商业场景。

2017年4月，腾讯正式发布《腾讯区块链方案白皮书》和腾讯区块链行业解决方案。同年11月，腾讯云正式发布区块链金融级解决方案BaaS。

作为行业巨头，腾讯的目标打造基于腾讯区块链搭建垂直行业应用的生态平台。该平台是未来腾讯金融服务的关键，通过金融云的接口，业务如游戏、社交、效果广告、数字内容销售和支付业务等与外界金融机构的联系都会进一步增强。

目前，腾讯的区块链应用领域是：供应链金融、腾讯微黄金、物流信息、法务存证、公益寻人和区块链开放平台BaaS。基于腾讯区块链搭建的生态平台已经悄然拉开序幕。

二、蚂蚁金服：研发生产级底层技术

据《2017全球区块链企业专利排行榜》显示，阿里巴巴区块链技术专利数量排名第一,这些专利全部出自蚂蚁金服技术实验室。目前,阿里巴巴与蚂蚁金服在区块链上的探索与数字资产并不相关,蚂蚁金服区块链研究团队的技术方向主要是生产级基础设施底层技术的研发,比如共识机制、平台架构、隐私保护和智能合约等。

考虑到阿里巴巴最大的电商与物流体系,蚂蚁金服在"信用"上发力,将区块链技术的"信用"与现实场景结合在一起。例如,捐赠信息追踪、食品溯源、医疗场景、物流分析等。

2016年7月,蚂蚁金服率先将区块链技术应用于支付宝爱心捐赠平台,增加了慈善捐款的可信度和透明度。2017年3月,阿里巴巴将应用区块链技术打造成了可追溯的跨境食品供应链;同年11月,天猫国际升级全球原产地溯源计划。2018年2月,菜鸟与天猫启用区块链技术追踪跨境进口商品的物流全链路信息。

跟腾讯的金融版图铺展比起来,阿里生态体系中存在支付宝、电商、物流等几大核心模块,蚂蚁金融更希望利用区块链技术实现"信任"从线上支付到线下物流的一体化。以支付宝为依托的消费、信贷、保险、金融理财和信用评估等业务,在区块链信任链接器的基础上,会更好地实现"连接""风控"和"信用"等三大金融服务功能。

三、百度金融:推出区块链云计算 BaaS 平台

目前,互联网巨头更重视区块链技术本身和以区块链技术为基础的

应用场景。百度的区块链布局基本上跟腾讯差不多，但更偏向于对金融领域的应用探索。百度金融服务较其他互金平台还存在一定的差距，百度金融便依托百度的技术场景优势，重点关注区块链金融项目，赋能新的消费生态。

2016年6月，百度对美国全球性区块链技术支付公司Circle进行投资。2017年5月，百度金融与佰仟租赁、华能信托等合作方联合发行了国内首单区块链技术支持的ABS项目，发行规模为4.24亿元；8月，由百度金融发布的"百度－长安新生－天风2017年第一期资产支持专项计划"获得上交所批准通过；9月，该平台正式上线。通过区块链服务端BaaS，百度金融实现了对区块链技术的初步应用探索。

自2016年10月开展场外ABS业务以来，百度金融主要发力消费金融市场。目前ABS市场的征信体系、风险管理体系、资产评估等方面都存在大量问题，通过区块链技术本身具有的去中介信任、防篡改、交易可追溯等技术特点，百度金融解决了交易各方对底层资产质量真实性的信任问题。

2017月7月，百度金融推出了商业级区块链云计算平台BaaS，联合企业、机构、联盟组织构建了区块链网络体系。目前，百度BaaS已经被应用于信贷、资产证券化、资产交易所等业务。

四、京东：落地商品防伪溯源和物流追踪

区块链是一种不可篡改的分布式记账系统，与商品溯源需要的数据记

录及真实性相对贴合。使用区块链技术后,物流全链路信息就能涵盖生产、运输、通关、报检、第三方检验等商品进口全流程。品牌商、监管机构、第三方认证机构及消费者,都能全程查询,确保品质。

区别于阿里在商品防伪溯源领域的单兵作战,京东选择了基于京东商城的数据节点进行持续扩展,在品牌商、监管机构、第三方认证机构逐步部署联盟链节点,形成了社会化的区块链防伪与追溯网络。同时,京东还建立了开放式技术平台,围绕京东商城的零售生态,为优质品牌商提供服务,并向接入的品牌商开放数据采集、数据整合、数据可信、数据展示等多方技术。

2018年2月,京东物流正式加入全球区块链货运联盟。BiTA 成立于 2017年8月,由经验丰富的物流技术和货运管理人员组成。目前,已经有超过200家国际物流与技术企业加入联盟,京东物流是国内首个加入该联盟的物流企业。京东物流搭建了 一个"新链路、高品质、全透明"的跨境商品精准追溯生态体系,有效串联起了生产、运输、仓储、清关、报检和配送等环节,打通了保税备货和跨境直邮两种形式的跨境电商供应链信息,形成了跨境物流领域的全链条服务。

2018年3月,京东推出了一项名为"AI CataPult Accelerator(AICA)"的项目,对初创企业在区块链领域的业务表示扶持。该项目为期6个月,第一批成员都是海外初创公司,包括CanYa、Bluzelle、NuggetS等。3月22日,京东发布了《京东区块链技术实践白皮书(2018年3月)》,白皮书指出,京东区块链的目标是打造面向企业级应用的区块链基础设施,

为企业提供能够解决业务痛点的区块链技术方案；23日，京东金融与约30家商业银行共同发起成立了"商业银行零售信贷联盟"，联盟成员优先享受场景开放、技术共享，并优先加入基于区块链技术的反欺诈联盟。

五、未来全球区块链的十大趋势

未来全球区块链的趋势主要表现为：

趋势一——区块链技术不断迭代更新，走向大融合。核心技术的组建会出现两种结果：（1）存储方面，由单一键值数据库向融合IPFS、关系型数据库、分布式数据库等方向发展，从单一的共识机制向多类混合的共识机制演进发展；（2）生态环境方面，区块链与云计算结合实现了服务定制化多样化，需要做很多底层技术性处理。公有链和联盟链的优势互补、进一步深度融合，需要为原有的公有云、私有云腾出空间。

趋势二——区块链产业发展进程加快，唱响"脱虚向实"主旋律。笔者认为，如今的区块链还处于2.0时代，还没有全面进入3.0或4.0时代，仍然是"平台+智能合约"时代，虽然实现了一些突破，距离大规模商用还有一段距离，发展脱虚向实，但速度依然在加快，在医疗、司法、能源等方面的规模性应用纷纷出现。

趋势三——区块链应用场景日益复杂，跨链互联重要性显现。如今区块链已经形成了一个个孤岛，随着应用场景的日趋复杂，尤其是跟现实世界越来越结合，链接协同操作必然会越发强烈，跨链技术能否突破挑战成为发展的关键。区块链向外拓展和连接的桥梁，已经出现了一些跨链技术，包括公证人机制、侧链／中继、分布式私钥等。要想从实体资产向数字资产转向，实现线上线下的交互，不仅要涉及延迟性问题、母链分叉，还会涉及到网络结构的设计问题。

趋势四——区块链标准化工作提速，各国争夺标准制定权。传统的标准化组织，包括 IEEE、ITU-T、ISO/ TC 307.R3CEV、W3C，目前共产生了8万多的区块链项目，但只有8%的项目得到了维护，平均寿命只有1.22年，出现得快、死得也快，缺乏统一的标准，不利于区块链技术的创新发展，更会影响项目应用的落地。不统一标准，如何来实现这一目标？在全球区块链标准制定权的竞争中，欧洲国家和亚太国家都处于前列。比如：美国靠着雄厚的技术优势，稳扎稳打；新加坡、澳大利亚发力比较狠，中国也在积极参与。

趋势五——区块链隐私保护机制多样化，激活商业应用，包括环签名、多重签名、混合器、零知识证明、同态加密等。要努力寻找适合商业场景的隐私保护算法，尤其跟实体经济的结合，是企业的必走之路。

趋势六——区块链安全问题引发关注，需重视。围绕物理、数据应用系统进行展开，是区块链安全体系的重要问题。数据显示，从2017年到2018年，全球范围内因区块链安全实践造成的损失多达28.64亿美元，仅2018年以来，损失金额就达到19亿美元。在交易可追溯、代码漏洞、密码算法等方面，还有很多事情需要去做。

趋势七——区块链知识产权竞争激烈，万物互联将扩展专利布局。最近这两年，中国申请专利的数量直线上升，2017年中国专利申请数量位于全球首位。专利申请主要以企业为主，目前还缺少市场引领者。不同于云计算、大数据等贵族，区块链出身于草根，没有主导性企业申请，这就给大家创造了更多的机会。

趋势八——区块链市场宣传角逐可预期，让商业回归到竞争状况。2017年区块链企业团队成员比例发生了一定转变，以前技术人员偏少，面对日益增大的市场需求，就要招募更多行业专家、市场宣传专家等。一旦区块链自媒体周边服务在加速形成，就会围绕区块链形成媒体新格局。

趋势九——区块链引发政策监管问题，但二者相辅相成。区块链技术也是一把双刃剑，用区块链监管区块链，尤其是金融领域监管科技，其实就是用技术治理技术的问题。因为技术产生的问题只能靠技术解决，靠人不行。

趋势十——区块链人才成为关键，各方加大培育力度。这几年区块链技术人才成本直线上升，全球对区块链人才需求量从三年前开始显著增长。可是即使如此，区块链行业的从业人员在整个系统中占比也非常低，这方面的人才需求非常明显。如今，全球27所大学已经设立了明确的区块链课程和培训课，包括中国、美国等国家的大学，都在积极培养这方面的人才。

展望四：区块链的规模化产业应用

要想实现区块链的规模产业化，就要注意下面几点：

一、未来要将线下的东西搬到线上

如今，所有智能合约执行都是验证节点，你执行一遍，我执行一遍，所有的执行都是一样的，程序就算通过，效率也非常低。以太坊的智能合约，特别是存储，收费很高，每个人存一份，并不高效。最好让一个节点来做，后端只有一个服务器。当然，要想让P2P网络中的区块链只有一个节点来算，首先要保证这个节点确实有效，确实算得正确。

区块链发展到这个阶段，对抗网络黑产问题也成了当务之急。区块链的应用解读有很多，如今大家对区块链的应用解读是当下的维度，都是从技术去中心化、挖矿等层面上去解读，其实应该拔高一个维度。早期的互联网解决了信息化，解决了信息传递，区块链是互联网下半场，是价值互联网。要想解决价值密集度比较高的行业，首先就要从金融开始，然后涉

足供应链等，之后逐步朝着价值传递上去做行业应用。

此外，还要拔高一个维度，区块链到底是什么？从区块链技术的特征来看，可以做确权、组织、协调、激励，正激励和负激励，正好是生产关系的四个著名特征。生产关系里的生产资料所有制，就是确权；人与人之间的关系，就是组织；此外，还有人与人之间关系的协调，智能合约正好做了区块链领域的协调工作。最后是激励，要想取得一个成果，需要对几种行为做出激励，正贡献就是正激励，负贡献就是负激励，没有贡献就是零激励。把区块链上升到生产关系的角度上，就能把现代商业重新颗粒化，重新解构，然后重构……上升到这个维度，才是正确看待区块链作用的视角。

二、区块链落地应用的关键

区块链+产业，是做区块链的专有社会组织、社群组织，为产业提供数据上链服务，是比较正统的方式。那么，在产业里怎么应用，存在哪些问题？首先，产业应用最好在产业上做应用，不用做颠覆，只要做产业升级即可。现有基于什么数据服务，依然坚持什么数据服务，不会因为区块链的存在而创造出新的生态。

传统产业做区块链会遇到一些政策方面的问题，比如：发币的风险在于，政策投资风险会给传统产业带来多大冲击？如果管控能力相对比较弱，多半都会给现有产业带来很大的冲击。

三、区块链不适用于所有行业

区块链具有实现颠覆性变革的潜在能力,但并不是所有的应用场景、所有过去积累数十年的 IT 技术都要被区块链颠覆的可能,区块链构建出来的世界必须融入到现实世界。现实世界中,有中心化、有政府、有监管、有传统和大佬,这些东西怎么融合,都是需要认真思考的问题。要想大规模普及区块链,必须跟传统世界、现实世界进行深度融合。此外还有安全性问题,如今区块链的效率和安全还没有达到大规模使用的技术要求。

四、区块链的创新落地

区块链跟大数据和人工智能很类似,实体怎么创新?思考的角度也很类似。

首先,领导层的战略思维一定要开放,因为大家已经享受到了很多互联网带来的好处。

其次,如今的数字化,把物理世界转成了数字化,有着极高的价值,而区块链技术特别适合处理这些场景。

第三,要确权。总是提供免费商品,你的数据就会被其他人拿走。核心要数据化,不但要有开放心态,还要认真踏实做事。虽然做起来很难,但是很重要。通过物联网、交换数据可以做总体的数据化。

怎么留住人才?区块链、人工智能人才本来就很稀缺,不可能每个公司都有自己的团队,要用激励、社区、开放等方式,进行区块链项目的合作,

把场景、人才、数据等放到一起,让大家一起来解决问题。无论是产能过剩,还是做跨行业客户精准营销、引进新的商品,包括定制化,都能做大胆的尝试。

五、区块链的大规模应用关键

很多人常说的一个问题是效率问题,把TPS提上去,解决区块链的存储效率问题。如今所有节点都存一个数据,以后不同节点存就能很多数据;同样,智能合约功能非常少,如果操作系统发达,就能解决很多难题。从长远来说,解决安全、监管问题,传统操作系统有安全机制,而区块链却没有。

其实,只要让监管方监管智能合约,审查通过,让你发,才能发;发了以后,发现不对了,可以暂停,甚至可以取消,让你退市。让监管方放心,整个区块链才能安全、平稳、稳定地发展下去。

六、安全和监管是最需要解决的问题

区块链特别像互联网的早期,20世纪90年代时上网需要拨号,打开一个网页需要花费好几分钟。区块链也是一样,首先硬件技术没有达到,硬件上来后才是软件,软件上来后才是应用。而如今软件却跑在了硬件前面,比如,在区块链的一些应用里,TPS就明显不够用,肯定是受到了硬件制约。区块链的一个关键硬件技术——IPFS分布式的存储硬件,

第十章　区块链的前景展望

还没有大规模进行部署。

中心化的云存储方式，不具备区块链的应用特征或激励机制，在存储上可能无法满足区块链的发展。只有硬件齐备了，才能带来系统软件升级，比如 EOS，从硬件到软件，再到应用。

很多人觉得没必要进行监管，可是从互联网发展中可以看到，我国对创新的态度还是比较审慎开明的，不是一上来就完全开明。如果人们用这种东西去发空气币，做不靠谱的事情，就需要做好监管。

通过上面的分析可以发现，区块链的价值主要在链外，整个产业对区块链的认知，什么时候大家才会都知道？通常一项新技术的普及或推广，都需要很多决策，包括政府、热群、企业，也期待更多的政策。只有众多企业一起进行创新，才能推动区块链的更快落地。

如今区块链处于早期阶段，将来必然会对基础设施造成颠覆性。代币的设计是区块链的灵魂，其他技术是承载体。随着技术的不断发展，通证的论证和设计都比较完善了，投资人才能多一些理性，监管措施才能齐全，基础设施才能发展好。如此，形神合一，区块链才能真正发展起来。

后记

后 记

纵观人类历史，一个民族的崛起，一个国家的强盛，不仅仅取决于它的军事力量，更多的是包括军事力量、经济力量以及科技、文化、教育、外交、民族意志以及民族凝聚力等综合国力的集中体现。

习主席指出：实现中华民族伟大复兴"中国梦"，绝不是靠这一句豪言壮语能实现的。传承中华文化的理念、智慧、气度、神韵，是我们中华儿女应肩负起的责任和义务。作为一个中华传统文化的传承者、弘扬者、践行者，深入挖掘中华优秀传统文化价值内涵，传播中华文化立场，传承中华文化精髓，弘扬社会主义核心价值观，是创新社会主义先进文化的民族灵魂。

家学濡染，情缘"龙"文化。"龙"是中华民族的图腾、象征，标志着中华民族的文化，联系着中华民族的情感，体现着中华民族的精神。笔者自1995年从事营销策划教育培训，致力于"传播龙文化，助推中国梦"事业，独创"龙"式理论法则，2013年受邀在泰国为美国EFT精英讲解《龙氏理论》，并于同年出版发行《龙式创富法则——永远不为钱烦恼》一书，风靡业界，畅销全国。打造出数万"龙"式精英团队，运用"龙"式四大精髓（做人之道：祥和包容，天人合一 。做事之道：嫁接组合，无中生有。变化之道：融通变化，能大能小。尊贵之道：创新尊贵，飞龙在天），帮助多个民族企业创造出了商业神话。

人类社会发展的一切障碍，从根本上来说都是由于"互不信任"导致的，尤其是各种经济和金融危机。如果人类能解决互相信任的问题，那么人类将完成一次非常大的跨越，步入一个更高阶段的文明，而现在科技的发展，

已经逐渐为这个方向打下基础，人类正在进入智能合约"心"时代！

区块链作为创造信任的"机器"，这个技术可能改变世界，现有的国际货币体系将被改写。"比特币"的疯涨，使得它的底层技术——区块链又火了起来。各大媒体、报刊、网站都在纷纷报道区块链这个东西，区块链是个很神奇的技术，比特币只是它的一个最成功的应用。区块链是一种分布式账本技术，利用P2P很好地解决了网络上的一些信用问题，这就像30年前的互联网一样，它改变了我们的生活方式。区块链的特点是透明、安全、便于审计、防故障，区块链是可以分布在全球、能够协同运转的数据库存放系统，区别于传统数据库运作——数据库权掌握在第三方某个公司手中，也就是中心化。区块链使得全球任何人都可以参与其中，每个人都具有相同的权利。

区块链最核心的3个要点就是：

1. 分布式存储，通过多地备份，制造数据冗余。

2. 让所有人都有可能共同维护同一个服务器。

3. 让所有人都有能力彼此监督维护服务器。

可以说三五年后，人们会像今天讨论互联网一样讨论区块链，甚至可能颠覆许多行业。就比如说支付行业，有人说区块链对支付行业的影响，就好比互联网对媒体的影响，我们今天所使用的支付宝是一个第三方企业，它用于个人或群体之间的交易保障，使交易双方建立了信任。但其中会出现一些安全问题，如果支付宝服务器被攻击了，数据全部丢失，那么该怎么办？这个属于中心化。但区块链中的去中心化，使得交易过程中三方都

后　记

会记账，并且这条信息还会被广播出去，形成一个区块。这样随便哪一方丢失了，其他节点还有这个信息，这样就保障了支付的安全。区块链技术就是要破除当前的许多第三方机构，比如信用、银行、支付等，使这些东西更分布、更安全、更方便。

链接"心"时代，财富新浪潮。区块链顺应时代，引领未来，在数字经济领域，中国已从跟跑者、并跑者成为领跑者……

区块链将引领世界未来发展方向，2018年是大众区块链觉醒年，其收获将超出人们的想象。

关于区块链应用的领域还有很多很多，就让我们共同见证吧！